ROBIN RIVATON
VINCENT PAVANELLO

PRÉFACE DE GUILLAUME POITRINAL

L'immobilier demain

La **Real Estech**, des rentiers aux entrepreneurs

DUNOD

Tout le catalogue sur
www.dunod.com

DUNOD
ÉDITEUR DE SAVOIRS

Visuel de couverture : Mixform Design © Shutterstock

11 rue Paul Bert, 92240 Malakoff
www.dunod.com

ISBN : 978-2-10-077016-8

Sommaire

Préface

Numérisation, ubérisation, disruption, disparition et apparition de métiers, transformation des autres, modification des rapports sociaux, bouleversements politiques et économiques... le monde moderne est en pleine révolution. C'est un ouragan de la magnitude de la grande révolution industrielle de la deuxième moitié du XIXe siècle.

Il y a 100 ans, tout le monde fut concerné. Mais pas en même temps, ni de la même façon. La révolution industrielle du textile devança de 30 ans celle des transports, et de 50 ans celle de l'agroalimentaire. Des métiers disparurent dans l'artisanat, l'agriculture, et de nouveaux métiers apparurent dans les transports, les médias, l'industrie... mais certains métiers furent moins touchés tels les médecins, les notaires ou les enseignants. Tout s'est fait finalement progressivement. Une usine, une imprimerie ou une ligne de chemin de fer ne s'ouvrait pas comme une start-up Internet.

Ceci explique peut-être pourquoi le grand monde de l'immobilier (qui englobe l'aménagement, le BTP, la promotion, les services et l'investissement) s'est assez peu senti concerné par l'émergence soudaine des GAFA (Google, Apple, Facebook, Amazon) et la numérisation de l'univers qui nous entoure. L'immobilier, c'est « *brick and mortar* », ça ne bouge pas comme cela. L'immobilier, il n'y a pas de raison que cela change, on en aura toujours besoin. Construire, c'est empiler du béton, rien à voir avec Internet. Il faudra toujours un agent pour bien louer ou bien vendre, et son banquier pour se financer...

Et tandis que ceux-là ne se sentent pas concernés du tout, d'autres, « néosceptiques », expliquent que la révolution numérique prendra son temps avant de débarquer dans Immoland. Et qu'on aura bien le temps de s'adapter. On est prêt. La preuve ?... on utilise déjà un iPhone et un webmaster maison s'occupe du site Internet et du compte Twitter.

Robin Rivaton et Vincent Pavanello ne sont pas de cet avis. En libres observateurs, ils pensent que le Big Bang numérique de l'immobilier est déjà en route et qu'il va transformer les métiers de l'intermédiation, de la promotion, de la construction, des services et de la finance immobiliers. Ils savent que la particularité d'une révolution numérique, c'est sa vitesse d'exécution, car l'octet voyage 27 millions de fois plus vite que le chemin de fer de Louis-Philippe. Toutes leurs prédictions ne se réaliseront sans doute pas. Mais, s'ils n'ont seulement qu'à moitié raison, il y a urgence à nous mettre en marche.

Guillaume Poitrinal
Président d'Icamap et co-fondateur de Woodeum

Introduction

L'ubérisation a envahi les journaux et les médias. Pourtant, le phénomène reste bien modeste lorsqu'on le compare à ce qui a vraiment changé nos vies. Plutôt que l'ubérisation, l'urbanisation a certainement été le phénomène humain le plus frappant du dernier siècle. En 1900, moins d'une personne sur dix vivait en ville, alors qu'aujourd'hui c'est le cas de plus d'une sur deux. D'ici 2030, les villes vont accueillir un milliard d'êtres humains supplémentaires et trois milliards d'ici 2050. 417 villes comptent plus d'un million d'habitants et 36 plus de dix millions d'habitants, rassemblant un être humain sur six. Qui dit concentration d'habitants dit concentration de richesses. En 2030, les 750 villes de plus d'un million d'habitants que comptera la planète produiront près des deux-tiers de la richesse mondiale. Pour reprendre les mots de l'ancien maire de Denver, Wellington Webb : « Le XIXe siècle était un siècle d'empires, le XXe un siècle d'États-nations. Le XXIe siècle sera celui des villes. »

Si ces grands chiffres peuvent sembler insaisissables – comment se représenter mentalement 10 millions de personnes? –, la ville a une réalité physique, tangible, elle est le reflet des immeubles et des infrastructures de réseau qui la compose. Au-delà de la question urbaine, nous passons l'essentiel de notre vie dans des immeubles. Une étude donnait le chiffre incroyable de 2 h 30 par jour en moyenne passées loin de la protection des bâtiments, dont 1 heure dans les transports. Nous y dormions depuis des millénaires mais les gigantesques gains de productivité dans le secteur agricole, qui employait 80 % de la population française il y a deux siècles, ont conduit les hommes à travailler en intérieur. Dans certaines villes, les conditions extérieures de froid comme de chaud sont telles que les bâtiments protègent. L'immobilier joue bien un rôle central dans nos vies.

Un secteur économique immobile

Pour notre plus grand malheur, ce secteur de l'immobilier dont nous dépendons tant est immobile. Immobile à l'heure où la technologie révolutionne des secteurs entiers, au bénéfice tant des consommateurs que de l'environnement. Le transport est en train de vivre sa mue avec le développement de véhicules toujours moins polluants, avec des logiciels permettant d'adapter au plus près l'offre aux besoins et bientôt avec l'apparition de voitures autonomes qui éviteront des milliers de morts par accidents. La production d'énergie devient plus soutenable avec des coûts de production par les énergies renouvelables en forte baisse qui laissent entrevoir un monde mieux pourvu et moins polluant. L'agriculture, qui a déjà montré sa formidable capacité de croissance au cours des dernières décennies, va répondre au défi des 4 milliards d'êtres humains supplémentaires tout en réduisant les quantités d'eau et d'engrais nécessaires. Parmi ces grands secteurs majeurs répondant aux besoins fondamentaux de l'homme – se déplacer, se nourrir, se chauffer et s'éclairer –, l'immobilier fait figure d'exception. Les bâtiments sont toujours plus chers à produire, les conditions de logement ne progressent pas, la mise à jour qualitative des bâtiments existants est trop onéreuse, le marché est visqueux au point d'empêcher la mobilité des personnes…

Aujourd'hui, une partie de nos difficultés économiques réside dans la mauvaise santé de ce secteur atteint de trois maux : une incapacité à générer les gains de productivité attendus ; des asymétries d'information et des coûts de transaction élevés aboutissant à une mauvaise adéquation entre l'offre et la demande ; une absence d'économies d'échelle due à l'éparpillement des acteurs. Il finit par détourner des ressources indispensables pour financer la mutation du reste de l'économie. Nous sommes en pleine maladie des coûts. La « maladie des coûts », c'est l'expression forgée par l'économiste William

Baumol pour désigner les différences d'évolutions de la productivité entre les différents secteurs économiques. Il faut encore aujourd'hui cinq personnes pour jouer un quintette à cordes et la productivité d'une troupe jouant *Le Bourgeois Gentilhomme* n'est guère différente de ce qu'elle était à l'époque de Molière. Dans le même temps, les usines ont réalisé des gains de productivité majeurs et continuent de progresser : le temps d'assemblage d'un véhicule a été divisé par deux entre 1995 et 2003 et encore par deux depuis. Cette maladie des coûts qui était cantonnée au secteur artistique ou à l'éducation, nous la voyons poindre dans l'immobilier.

Un secteur clé de nos économies et de nos sociétés

Ceci est d'autant plus catastrophique que le secteur immobilier, tant résidentiel que tertiaire – autrement dit les commerces, bureaux, entrepôts et usines –, est au cœur de nos économies, et cela depuis des siècles. En dépit de particularités nationales à l'échelle du monde, de taux de propriété différents, d'économies de maturité hétérogène, de populations plus ou moins âgées, de marchés du travail plus ou moins mobiles, on constate une relative stabilité du poids du secteur. Nos recherches ont montré que le secteur immobilier, construction incluse, est, avec le secteur du commerce, celui dont le poids économique est le plus stable dans les économies de l'OCDE, qui rassemble des pays aux profils aussi divers que les États-Unis, l'Europe, l'Australie, le Japon, le Mexique ou le Chili. Au niveau mondial, sur les trois dernières décennies, le secteur représente en moyenne un sixième de la création de richesses. En France, les activités immobilières et la construction pèsent encore respectivement 13 % et 5 % de la valeur ajoutée de l'économie nationale, en faisant ainsi le premier secteur. Dans une approche encore plus extensive incluant les matériaux de construction et la maintenance, les cabinets de conseil Global Construction Perspectives et Oxford Economics[1] prédisent que d'ici 2030, la construction comptera pour 15 % de la valeur ajoutée mondiale contre 12 % aujourd'hui. Comme le secteur ne génère pas ou peu de gains de productivité, les prix des biens et services associés ne baissent pas alors que ceux d'autres secteurs, comme les produits électroniques, s'effondrent. Il en résulte une taille toujours plus importante dans les économies les plus développées.

Du fait de son poids économique et de son inefficience, ce secteur est prédestiné à être celui où naissent les crises, que ce soit celle du début des années 1990 ou

1. Global Construction Perspectives & Oxford Economics, *Global Construction 2030*, novembre 2015, p. 6.

celle des *subprimes* de 2008. Il devient un réceptacle naturel des liquidités lorsqu'un pays est en expansion – rappelons-nous le prix du mètre carré qui a pu dépasser les 1,5 million d'euros lors d'une transaction en 1987 à Tokyo dans le quartier de Ginza 4-Chome –, et laisse les investisseurs ruinés lorsque la bulle explose. Il a été calculé que la valeur des biens résidentiels dans les quartiers de plus haut standing correspondait à seulement 1 % de la valeur au sommet à son pic. Aujourd'hui, la Chine attire l'attention avec ses fameuses villes-fantômes dont les projets de développement immobilier restent désespérément vides dans les anciennes régions industrielles où les aciéries, mines de charbon et cimenteries sont à l'arrêt. Une équipe de recherche du géant de l'Internet Baidu[1] a identifié, à l'aide des requêtes sur son moteur de recherche, 50 régions dans lesquelles l'immobilier résidentiel était inoccupé, citant le cas de Kangbashi, un quartier de 300 000 personnes construit en 2006 dans la ville d'Ordos pour accompagner la croissance des mines de charbon et dont seulement une résidence sur dix serait aujourd'hui occupée. Si le relâchement de la contrainte concernant l'enfant unique et le souhait du gouvernement de déplacer 100 millions de personnes depuis les zones

1. Guanghua CHIA, Yu LIUB, Zhengwei WUA & Haishan WUA, *Ghost Cities Analysis Based on Positioning Data in China*, Big Data Lab, Baidu Research & Institute of Remote Sensing and Geographic Information Systems, Peking University, 2015.

rurales d'ici 2020 perdurent, la dynamique de concentration dans des zones à forte croissance économique devrait se poursuivre. Wang Jianlin, fondateur de Wanda Group et homme le plus riche de Chine, a même déclaré en septembre 2016 que l'immobilier chinois pourrait bien être la plus grosse bulle de l'histoire mondiale[1]. Emporté par son propre poids, il guide autant qu'il subit les taux d'intérêt et la valeur du temps. Du fait de la taille de ce secteur, même en situation difficile, les banquiers centraux sont tentés d'ajuster leur politique pour éviter des effets récessifs trop brutaux.

Il n'est pas qu'un secteur économique au sens où il est empreint de représentations sociales et culturelles extrêmement forte. Devenir propriétaire a longtemps été vécu comme un idéal dans de nombreuses sociétés, d'abord comme un reflet d'ascension sociale et un héritage à transmettre puis plus tard, face à l'allongement de la durée de vie et un marché du travail plus incertain, comme la garantie d'avoir un toit quelle que soit sa situation. Les gouvernements continuent d'en faire une priorité nationale avec des dispositifs comme le prêt à taux zéro malgré un succès mitigé. En France, annoncé en 2007, l'objectif d'atteindre 70 % de propriétaires n'a pas été atteint puisqu'aujourd'hui 39 % des Français sont

1. Jethro MULLEN & Andrew STEVENS, « Billionaire, Chinese real estate is "biggest bubble in history" », *CNN*, Money.cnn.com, 29 septembre 2016.

propriétaires de leur logement sans prêt à rembourser et 23 % sont propriétaires avec un prêt en cours. Fin 2015, au Royaume-Uni, le parti conservateur s'est engagé dans un programme visant à aider un million de ménages à devenir propriétaires d'ici 2020. En France, l'immobilier constitue encore près des trois quarts du patrimoine total net des ménages. Parce qu'il recueille de larges quantités d'épargne, il modèle beaucoup les échanges intergénérationnels par l'héritage et la redistribution. Il est le secteur économique qui entretient les rapports parmi les plus étroits avec la société, les notions de solidarité dans le temps à travers l'héritage et dans l'espace à travers la répartition des richesses sociales. La hausse de la valeur du capital immobilier se retrouve mise en accusation par Thomas Piketty[1] comme symbole du creusement des inégalités. À cette thèse, des économistes[2] ont répondu que ce ne sont pas tant les revenus du capital logement que les prix de l'immobilier qui ont crû sur la période récente. Le capital immobilier calculé comme une somme de loyers actualisés est resté stable en France, au Royaume-Uni, aux États-Unis et au Canada.

1. Thomas Piketty, *Le Capital au xxie siècle*, Le Seuil, 2013.
2. Odran Bonnet, Pierre-Henri Bono, Guillaume Chapelle & Étienne Wasmer, *Le capital logement contribue-t-il aux inégalités ? Retour sur Le capital au xxie siècle de Thomas Piketty,* Département d'économie de Sciences Po et LIEPP, Working paper n° 25.

Des solutions étatiques inopérantes

Parce qu'il est si important, le secteur est donc légitimement très régulé. La puissance publique est présente partout. C'est une présence ancienne[1] qui n'a cessé de s'étendre. L'État et ses démembrements imposent les normes définissant une habitation salubre, donnent leur vision des constructions modernes sur les performances comme l'esthétique, sécurisent les transactions, spécialisent le foncier, financent les producteurs d'immobilier comme les utilisateurs, orientent les investisseurs à l'aide des outils fiscaux… L'intervention financière représente 45 milliards d'euros par an pour un pays comme la France soit une centaine d'euros par ménage chaque mois. Concernant les coûts issus de la réglementation, la facture s'élève à plusieurs dizaines de milliards d'euros, absorbant les maigres gains de productivité du secteur[2].

---

1. En France, les magistrats ont très tôt exercé un contrôle de la construction immobilière privée *via* des ordonnances municipales de police. Elles forcèrent l'amélioration du bâti urbain, notamment en cherchant à lutter contre les incendies dès la seconde moitié du XVIIe siècle en imposant des mesures préventives quant à la surveillance des cheminées ou l'interdiction de certains matériaux comme le chaume. Le contrôle touche aussi à l'esthétisme des rues en obligeant les propriétaires voulant rénover les façades de leur maison à obtenir un permis comme l'exige dès 1764 un règlement de police des constructions à Armentières (Nord).
2. Guillaume POITRINAL, *Plus vite ! La France malade de son temps*, Grasset, 2012.

Cette intervention ne parvient pas à montrer ses effets positifs, révélant en revanche ses terribles errements quand, par exemple, le marché locatif se contracte après l'encadrement des loyers à Paris. Avec une certaine facilité, on attend encore tout d'elle comme sur la rénovation énergétique des bâtiments. Les acteurs privés étant considérés comme inefficients, aucune place n'est laissée aux mécanismes de marché. Pourtant, à la racine de l'intervention de la puissance publique se trouve la préservation. Elle est donc naturellement l'ennemi de l'innovation. L'État est déjà trop présent, les réflexions pour améliorer son intervention ont déjà été l'objet de tant de commentaires. Les solutions existent. Elles ne consistent pas en plus de régulation mais dans l'innovation. C'est ce que nous allons décrire.

Un secteur d'excellence de la France

L'innovation dans le secteur immobilier n'est pas un mot tabou. Historiquement, le secteur vit même une révolution technologique au XIXe siècle quand les villes modernes sont bâties. Le secteur connaît alors de très importants gains de productivité et la France y joue un rôle tout particulier. En 1818, un jeune ingénieur polytechnicien français, Louis Vicat, produit le ciment artificiel. Trois décennies plus tard, il construit à Grenoble le premier pont en béton coulé au monde. En 1845, le nordiste Pierre-Joseph Fontaine invente l'ascenseur moderne que l'Américain Elisha Otis popularisera outre-Atlantique. Dans le même XIXe siècle, sous l'impulsion de Joseph Monier et François Hennebique, la France découvre le béton armé utilisé pour la première fois à Paris en 1893. La France est à l'avant-garde des constructions les plus audacieuses, de la Tour Eiffel aux canaux de Suez et Panama. Le baron Haussmann et le préfet Poubelle inventent l'urbanisme moderne. Dans l'entre-deux-guerres, c'est enfin Eugène Freyssinet qui brevète le béton précontraint, indispensable aux gratte-ciel car beaucoup plus résistant. Après la Seconde Guerre mondiale, un formidable mouvement de reconstruction permet d'essayer de nouvelles techniques, de nouveaux matériaux, même si les performances architecturales se révèlent parfois des échecs urbanistiques, comme l'ont été certains grands ensembles dans les quartiers populaires.

De cette période sont issus plusieurs géants français. Avec Bouygues, Saint-Gobain, Eiffage, Axa Real Estate, Lafarge, Unibail, Vinci, nous avons la chance de compter encore de très grands groupes mondiaux ; le plus grand salon de l'immobilier d'entreprise, le MIPIM, se tient en France, à Cannes. L'immobilier français, notamment en matière de financement, diffère considérablement de ce que pratiquent les pays anglo-saxons. Ce modèle a prouvé sa résilience en protégeant la France des turpitudes depuis le krach de 1991, mais il ne survivra qu'à condition d'accueillir la révolution technologique qui se profile à l'horizon.

Une révolution technologique en cours

Différentes technologies viennent bouleverser toute la chaîne de valeur du secteur immobilier. Certaines d'entre elles sont déjà connues et ont été opérationnellement éprouvées. Il s'agit autant du *crowdfunding* que du Building Information Modeling, de la blockchain que des drones, de l'analyse prédictive que des objets connectés. Une myriade de jeunes entreprises est désormais en train de combiner ces briques technologiques pour aboutir à des modèles économiques susceptibles de générer de réels gains de productivité.

Il y a eu les BioTech, la FoodTech, la FinTech pour la finance, l'AdTech pour la publicité, l'InsurTech pour le secteur de l'assurance, les CiviTech pour les mouvements citoyens ou encore les EdTech pour l'éducation, renvoyant à autant de mutations de secteurs de plusieurs centaines de milliards de dollars ; c'est au tour de la vague de la Real Estech d'être sur le point de déferler. Clin d'œil de l'histoire, le futur plus grand incubateur du monde créé par Xavier Niel, Station F, portait le nom de son concepteur, pionnier français de l'innovation immobilière, la halle Freyssinet.

L'ensemble de la chaîne de valeur de l'immobilier est concerné. Nous l'avons divisé en quatre segments – financement, construction, gestion et occupation – qui constituent autant de chapitres de cet ouvrage. Le mouvement de *disruption*, autrement dit de transformation des modèles d'affaires, ira au-delà des seules innovations dans le secteur de la location d'espaces, baptisé aux États-Unis la PropertyTech. Le coût du capital apporté par les investisseurs, le coût du travail réalisé par le constructeur, les frais d'intermédiation et de gestion des bâtiments prélevés par les notaires ou les syndics tout comme les charges d'occupation des logements et bureaux versés par les consommateurs vont diminuer et enfin permettre la montée en gamme du secteur. Les gains de productivité permettront de produire beaucoup moins cher et de meilleure qualité au bénéfice du consommateur, des salariés du secteur – qui ont des conditions de travail souvent encore difficiles – et des investisseurs. Aujourd'hui, le déséquilibre entre l'offre et la demande est tel dans certaines zones que les consommateurs, individuels comme professionnels, locataires comme acheteurs, tolèrent une qualité de service souvent inacceptable dans d'autres secteurs, nombreux, notamment industriels, qui ont adopté le culte du zéro défaut. Aucun citoyen n'échappe à cette mutation : que ce soit logement ou lieu de travail, le bâtiment est une expérience du quotidien. Si certains segments du secteur ont déjà entamé leur mue – nous pensons aux entrepôts révolutionnés par Amazon ou aux hôtels soumis à la concurrence d'Airbnb – d'autres comme le logement, semblent encore à l'âge de pierre. Pourtant, l'immobilier tertiaire à l'échelle mondiale ne représente que 30 000 milliards de dollars contre 160 000 milliards pour l'immobilier résidentiel.

Un très fort conservatisme subsiste dans le secteur, du fait des représentations sociales ou culturelles associées à l'immobilier. On peut dresser ici un parallèle avec l'automobile. Le degré de conservatisme apparaissait là aussi très important du fait du symbole social fort que représentait la possession d'une voiture individuelle. À ce conservatisme culturel, modelé par un attachement fort à la sécurité des personnes, on peut ajouter la présence manifeste de rentes avec de très fortes barrières à l'entrée, tout comme dans certains segments du marché immobilier. Et pourtant, cela a changé très rapidement : d'abord avec une production automobile plus standardisée et un marché plus fluide offrant différentes options au bénéfice du consommateur, puis avec une distanciation du bien pour aller vers de la consommation de service. Avec l'arrivée du véhicule autonome dans les prochaines années et la généralisation de véhicules sans émission de gaz à effet de serre, il ne semble plus impossible de payer demain pour les kilomètres parcourus, plus ou moins onéreux en fonction de la pollution du moyen de transport utilisé, plutôt que d'acquérir un véhicule à usage personnel. Au regard de cette évolution, qui peut aujourd'hui nier que l'immobilier deviendra à son tour une *commodity*, autrement dit un bien similaire aux autres, débarrassé de son héritage historique et cultuel, librement échangeable sur un marché transparent et concurrentiel ?

1

Investir plus facilement dans l'immobilier

Afin d'imaginer à quoi ressemblera l'immobilier de demain, il faut repenser chacun des maillons de la chaîne de valeur. Le premier maillon concerne la naissance d'un actif immobilier et plus précisément le financement de sa construction. Qu'il s'agisse d'immobilier résidentiel ou commercial, d'une tour de 50 étages ou d'une maison individuelle, il n'y a pas de construction possible sans un financement préalable. Il faut toujours immobiliser du capital pour faire l'acquisition d'un foncier et pour s'acquitter des factures tout au long du projet (études architecturales, construction, etc.). Les promoteurs comme les particuliers connaissent bien cette contrainte. Dans un monde où les besoins en constructions nouvelles sont gigantesques, la question du financement est centrale. À la croisée des chemins, ce segment est à la fois ralenti par ses démons de toujours et animé par de nouveaux acteurs.

Le dilemme de l'investisseur entre l'existant et le neuf

La naissance du capitalisme au XIXe siècle en Europe a été marquée par le développement de nombreuses infrastructures de transport. Des canaux aux chemins de fer en passant par les tramways, le financement de ces nouvelles activités a rythmé la Première Révolution industrielle. Deux typologies d'investisseurs se sont alors clairement dessinées. D'une part, ceux qui interviennent très en amont du projet, qui investissent leur argent alors même que l'activité n'a pas commencé et qu'aucune rentabilité n'est assurée. D'autre part, à côté de ces investisseurs aventuriers, les acteurs plus raisonnables qui se contentent d'acquérir des actions d'une ligne de chemin de fer existante et en activité dont les revenus générés sont réguliers.

Alors qu'il est trop souvent vu comme un secteur de rentiers, le financement de l'immobilier compte également ses aventuriers et ses raisonnables. À l'échelle d'un petit investisseur comme d'une immense foncière, investir dans un actif avant sa construction ou investir dans un bien immobilier déjà construit et fonctionnel relèvent de deux approches fondamentalement différentes. Ceux qui accusent l'immobilier d'être un secteur de rentiers improductifs ne voient que les raisonnables au détriment des aventuriers. Ils oublient que le baron Haussmann n'aurait pu changer le visage de Paris sans l'appui d'Émile et d'Isaac Pereire, ces banquiers juifs d'origine portugaise qui ont également joué un rôle majeur dans l'aménagement de la ville d'Arcachon[1]. N'en déplaise à ses détracteurs, l'industrie immobilière n'est pas une industrie rentière, à part, qui serait condamnée à n'investir que dans le stock existant.

En immobilier, être un *aventurier* comme les frères Pereire consiste à financer la construction ou éventuellement la réhabilitation d'un actif immobilier. Il s'agit en tout cas de créer un bien qui n'existait pas auparavant. Sur ce créneau, les agents à besoin de financement sont, pour simplifier, les promoteurs immobiliers d'une part et les particuliers qui souhaitent faire construire leur maison d'autre part. Les promoteurs lèvent du capital car il y a, dans ce métier, un besoin en fonds de roulement largement négatif. Plusieurs années peuvent s'écouler entre les dépenses initiales du promoteur – essentiellement l'acquisition du foncier et les dépenses de

1. Bernard Marchand, « Le financement des travaux d'Haussmann, un exemple pour les pays émergents ? », Archives HAL.

construction – et ses revenus futurs issus de la vente ou la mise en location du bien construit. Le nombre d'autorisations administratives nécessaires, la lourdeur des travaux et la complexité de la commercialisation sont les trois principales raisons de la durée de ce portage. Les promoteurs ont trois sources de financement. En moyenne, 20 % du capital provient des fonds propres qu'ils investissent eux-mêmes ou qu'ils vont chercher auprès d'investisseurs extérieurs. 40 % proviennent des crédits bancaires et les 40 % restants sont alimentés par les préventes. Dans ce dernier cas, c'est l'acheteur final qui joue le rôle de financeur. L'intégralité du capital requis est parfois difficile à rassembler pour le promoteur. De plus, ce capital représente une part significative du coût total de production de l'immobilier.

Côté investisseur ou prêteur, ce capital est considéré comme risqué car il y a de nombreux aléas, notamment d'un point de vue commercial. L'opération de promotion qui a vu naître le mythique Empire State Building de New York illustre bien le fonctionnement du couple risque-rendement. L'homme d'affaires américain John J. Raskob a réalisé juste avant la crise de 1929 un tour de table à plus de 40 millions de dollars pour financer la construction du gratte-ciel mais n'a jamais réussi à louer plus de 50 % de la surface du bâtiment. L'Empire State Building, que l'on surnommait alors l'Empty State Building, a été revendu par John J. Raskob pour seulement 34 millions de dollars[1]. Pas de rendement sans risque.

La deuxième catégorie d'agents à besoin de capital sont les particuliers qui souhaitent financer la construction d'une maison individuelle. Dans ce cas, les uniques sources de financement sont les fonds propres et la dette hypothécaire. Le taux d'intérêt que propose la banque et le coût d'opportunité de l'apport fait par le particulier (le rendement auquel il renonce en investissant ses économies dans sa future maison) sont les composantes du coût du capital et entrent donc par extension dans le coût de revient de la maison.

Être un *raisonnable* en matière d'investissement immobilier est une démarche différente qui consiste à investir dans le présent, c'est-à-dire dans un bien qui est déjà construit. Le plus souvent, le bien est en plus occupé par un preneur qui paye un loyer. Par exemple, fin 2016, le fonds souverain norvégien Government Pension Fund-Global a annoncé l'acquisition d'un immeuble place Vendôme à Paris pour un milliard d'euros. C'est un bon exemple d'investissement locatif car l'immeuble est occupé à 80 % par des bureaux et à 20 % par des commerces. De manière générale, l'investissement dans ce type d'actif et moins risqué que le financement des opérations de promotion.

1. David FARBER, *Everybody ought to be rich: the life and time of John J. Raskob, Capitalist*, Oxford University Press, 2013.

Des besoins de financement énormes

Dans les pays développés comme dans les pays émergents, le stock d'immobilier existant n'est plus adapté aux aspirations des utilisateurs, que ce soit dans les produits résidentiels, de bureaux ou parfois même dans le commerce. En conséquence, l'investissement dans des nouvelles constructions n'a jamais été aussi urgent qu'aujourd'hui. Pire, ce besoin tend à s'intensifier dans les années à venir, à tel point que le monde immobilier risque de manquer d'aventuriers.

Dans les pays émergents, où l'urbanisation va déplacer deux milliards d'humains des campagnes vers les métropoles, le besoin de nouveaux logements est criant. L'explosion démographique, conjuguée à l'urbanisation et à l'émergence d'une classe moyenne, nécessite un investissement massif dans le logement. Sans cet effort, le développement économique en cours risque de tourner court. Pour se représenter l'importance des enjeux, il faut savoir qu'entre 2011 et 2014 la Chine a produit 6,6 gigatonnes de ciment là où les États-Unis en ont consommé 4,4 gigatonnes de 1900 à 2000[1], soit un tiers de plus en trente-trois fois moins de temps. Selon les estimations de l'ONU, durant les quinze prochaines années, la demande journalière de nouveaux logements s'élèverait

1. Vaclav SMIL, *Making the Modern World: Materials and Dematerialization*, Wiley, 2013.

à 100 000 unités. Vaclav Smil cite des études montrant que cimenter les sols dans les maisons des habitants les plus modestes représente une amélioration sanitaire décisive, provoquant une baisse des infections parasitaires de près de 80 %. Le Kenya a par exemple besoin de 200 000 logements par an alors qu'il n'en produit que 50 000[1] mais c'est la Côte d'Ivoire qui bat tous les records avec un rapport de satisfaction de la demande de un pour dix. La construction de centres commerciaux est également attendue. D'après Xavier Desjobert, directeur général de CFAO Retail, qui aimerait ouvrir une centaine de centres commerciaux dans les dix prochaines années, uniquement en Afrique de l'Ouest, « il y a une hausse du pouvoir d'achat de la classe moyenne émergente et un décalage entre la demande d'une distribution moderne et l'offre existante ». D'autres pays émergents s'ouvrent au tourisme avec le besoin de réaliser des complexes hôteliers et de loisir tant pour la clientèle locale que pour des touristes étrangers. La nécessité de produire des logements nombreux au moindre coût s'inscrit nécessairement dans une démarche de planification urbaine trop souvent négligée.

Dans les pays développés, ce besoin de renouvellement de l'offre est tout aussi pressant, aiguillonné par deux phénomènes. Le premier est l'exigence de diminution de

1. Afriquinfos.

la consommation énergétique des bâtiments qui représente aujourd'hui plus de 40 % de la consommation d'énergie totale en Europe et un quart des émissions de gaz à effet de serre. La seule construction compte pour 22 % du volume de déchets générés par an en Europe. Le second est la recomposition des modes de vie. La diminution du nombre de mariages, le départ des enfants et l'augmentation des séparations provoquent une décohabitation résultant en une réduction forte du nombre de personnes par ménage. On comptait 2,9 personnes par ménage en 1975, 2,4 en 1999, ce chiffre baissant à 2,3 en 2013. D'ici 2030, l'INSEE attend une augmentation du nombre de ménages de l'ordre de 250 000 par an. D'un point de vue géographique, l'activité économique se nourrit de toujours plus d'échanges qui impliquent une proximité géographique que même les moyens de communication les plus modernes ne permettent pas encore. L'activité est donc plus concentrée dans un certain nombre d'espaces strictement délimités qui doivent être densifiés.

Ces tendances accélèrent l'obsolescence du parc immobilier existant alors que les besoins quantitatifs sont en hausse. En France, l'objectif de 500 000 nouveaux logements par an a été avancé dans une étude réalisée par le Crédit foncier en novembre 2006[1]. Depuis, année après

1. Étude réalisée en partenariat avec l'Université Paris Dauphine et publiée le 21 novembre 2006.

année, cet objectif est réaffirmé sans pour autant être atteint. Rien que le Grand Paris nécessiterait la construction de 70 000 logements par an alors qu'à peine la moitié est livrée chaque année dans cette région. De l'autre côté du Rhin, les experts estiment à 350 000 nouveaux logements le besoin annuel de construction[1], et ce chiffre a vocation à augmenter à mesure que l'Allemagne accueille des réfugiés. Aux États-Unis, le maire de New York Bill de Blasio souhaite construire 240 000 logements dans les dix prochaines années alors que la pénurie touche aussi la Californie. Il manquerait au moins 30 000 logements dans la seule ville de Los Angeles. De nombreux pays ont des systèmes d'habitats publics ou semi-publics où les prix sont plafonnés afin d'assurer une diversité de populations. En France, la loi de 2000 relative à la solidarité et au renouvellement urbain (loi SRU), a modifié en profondeur le droit de l'urbanisme et du logement, notamment avec l'article 55 qui impose aux villes de disposer d'au moins 20 % de logements sociaux. Toutefois, le parc HLM pour habitations à loyers modérés s'est très largement constitué de la fin des années 1950 au début des années 1980 et a globalement stagné depuis. Deux logements sociaux sur trois ont été construits avant 1985, le besoin de construction étant estimé à 150 000 logements par an. À New York, Bill de Blasio souhaite faire baisser

1. Savills World Research, « Germany Residential Investment Market », février 2016.

le nombre de personnes sans domicile fixe en construisant 8 000 logements sociaux par an[1].

Le constat est similaire pour les autres produits immobiliers. L'offre existante dans les pays développés n'est pas adaptée à la nouvelle demande. Dans l'immobilier de bureaux, les nouvelles formes de travail impliquent une nouvelle organisation de l'espace. Parfois, des bâtiments existants peuvent être réaménagés. Parfois, ce réaménagement n'est pas possible et la solution passe par de nouvelles constructions. Les espaces de travail partagé – *coworking* – et le télétravail sont des défis importants pour les promoteurs. L'arrivée sur le marché du travail de bataillons de *millennials*, nés entre 1982 et 2004, ne fera qu'accélérer la tendance. D'après une enquête menée auprès de 2 000 étudiants de l'ESSEC en 2016, seuls 13 % d'entre eux ont une préférence pour le bureau classique d'administration[2].

Les usages changent également dans l'immobilier commercial. La concurrence d'Internet n'a pas tué cet actif immobilier mais elle oblige les acteurs à repenser leur métier. Tous les jours, des clients pénètrent dans les magasins, essayent un produit, puis rentrent chez

1. « Mayor de Blasio's Plan for Affordable Housing », *The New York Times*, 11 août 2015.
2. Chaire Immobilier et Développement Durable de l'ESSEC, « Mon Bureau de Demain », septembre 2016.

eux pour en passer la commande sur Internet. Que dire de l'hôtellerie où Airbnb a changé la donne ? N'est-ce pas indispensable de construire de nouveaux hôtels plus adaptés à des conditions de marché inédites ? Enfin, les hôpitaux confrontés au vieillissement de la population et plus largement à la problématique de la dépendance, seront aussi contraints de revoir leur politique immobilière.

En plus de ces arguments de nature économique selon lesquels il faut adapter l'offre à la demande, des préoccupations sociétales émergent. Parmi celles-ci, l'écologie. Si la rénovation énergétique des bâtiments est en cours, démolir puis reconstruire des bâtiments moins gourmands en énergie constitue parfois la seule solution pérenne. Parallèlement, il est impératif de rendre les bâtiments plus accessibles aux personnes à mobilité réduite. En France, la part des logements sociaux accessibles aux handicapés dépasse à peine les 25 %[1]. Dans le même temps, la Commission européenne prévoit que le nombre de personnes handicapées dans l'Union européenne passera de 80 millions aujourd'hui à 120 millions à l'horizon 2020[2].

1. Mairie de Paris, « Étude des conditions d'accès des handicapés au logement social parisien », août 2011.
2. Eurostat, Disability Statistics.

Un marché du financement imparfait

L'offre immobilière est par nature rigide. Construire prend du temps, ce qui entraîne des déséquilibres sur le marché lorsque la demande augmente subitement. Cela dit, un marché du financement plus ou moins efficient peut réduire ou aggraver cette rigidité intrinsèque. Malheureusement, aujourd'hui, les fondamentaux du secteur ne permettent pas de relever les défis évoqués. Pour les promoteurs comme pour les particuliers, le capital nécessaire à la construction reste une ressource rare et chère en raison de l'inefficience chronique du marché.

En ce qui concerne les promoteurs, chacune des trois sources de financement (fonds propres, dette et préventes) tend à se tarir. Les fonds propres représentent habituellement 20 % du montant total investi dans une opération de promotion. Sur ces 20 %, le promoteur lui-même apporte une partie des fonds mais il est généralement soutenu par un ou plusieurs investisseurs exigeant une certaine rentabilité, ce qui représente un poste de coût pour le promoteur. Ce coût est d'autant plus élevé que le marché du financement par fonds propres est caractérisé par de multiples asymétries d'information auxquelles s'ajoutent des barrières à l'entrée. Quand un promoteur cherche à lever des fonds, peu d'investisseurs connaissent ce besoin et les tickets d'entrée sont tellement élevés que le nombre d'acteurs véritablement en mesure d'apporter du capital est très réduit. En conséquence, des petits oligopoles d'investisseurs se forment, ce qui augmente mécaniquement le coût du capital.

Au-delà de cette explication structurelle, les années 2000 marquées par de gigantesques effets de levier ont vu les investisseurs sortir du jeu de la promotion pour ne jamais y revenir vraiment. Quand un promoteur ne trouve pas le capital extérieur souhaité, il doit investir lui-même 100 % des fonds propres, restreignant ainsi le nombre de projets qu'il entend mener simultanément. L'accès aux fonds propres est une contrainte majeure dans les pays en développement. Un grand nombre de promoteurs, atomisés et peu organisés au sein de leur corporation, sont livrés à eux-mêmes et ne bénéficient d'aucun soutien du secteur bancaire. Au Niger, qui accueillera en 2019 le grand sommet des chefs d'États de l'Union Africaine, la construction de plusieurs hôtels est aujourd'hui à l'arrêt en raison d'un manque de capitaux. Au Nigeria, la dévaluation rapide du naira a fait fuir les investisseurs immobiliers étrangers, montrant ainsi le risque d'une dépendance trop grande envers les capitaux venus de l'extérieur. Les pays développés semblent actuellement à l'abri de ce phénomène dans la mesure où les banques centrales abreuvent les marchés financiers en liquidité. Cependant, les difficultés pourraient revenir aussitôt que les banques centrales cesseront leurs politiques monétaires accommodantes. En effet, depuis la crise financière de 2008, le contexte réglementaire pour le crédit bancaire n'a cessé de se durcir. *Via* les accords de Bâle III, les régulateurs ont souhaité que les banques ne répètent pas leurs erreurs passées. Celles-ci sont censées prêter moins tout en demandant davantage de fonds propres qu'avant ainsi que des taux de précommercialisation plus élevés. Or les gros promoteurs ont tendance à se concentrer sur des opérations classiques et à faible risque. Quand le resserrement monétaire sera enclenché, les petits opérateurs au profil plus entrepreneurial devraient avoir des difficultés à trouver des financements. On peut observer une telle situation en Espagne et en Italie où les difficultés du secteur bancaire pénalisent la promotion immobilière. Le financement des nouveaux logements sociaux par fonds propres doit également être repensé. Le modèle 100 % public pourrait être remis en cause en raison de l'assainissement attendu des finances publiques. En France, le financement ultra-centralisé assuré par la Caisse de Dépôts atteint ses limites. Alors que les coûts de construction augmentent, le prix de revient moyen d'un logement social s'élève à 142 000 euros aujourd'hui contre 80 000 euros en 2000[1] ; le livret A est devenu moins attractif pour les épargnants, conduisant à plusieurs années où les retraits ont excédé les montants collectés : 6 milliards d'euros en

1. L'Union sociale pour l'habitant, « Le financement du logement social », 2013.

2014, 9 milliards d'euros en 2015. De plus, le coût de la collecte et de l'intermédiation du livret A est jugé élevé.

Le temps long de l'immobilier est-il compatible avec les aspirations de rapidité des nouvelles générations ? La question se pose au sujet du financement des opérations par les préventes, dites ventes en état futur d'achèvement ou VEFA. Aujourd'hui, ces ventes anticipées couvrent en moyenne 40 % du capital nécessaire. Pour l'acheteur, cela consiste à prendre aujourd'hui une décision qui aura des conséquences dans 2 ans ou plus. Or, la plus grande mobilité non prévisible qui marque la vie des actifs pourrait remettre en cause ce schéma. À cela s'ajoute la préférence pour l'immédiateté qui caractérise les *millennials*. Dans un contexte où la demande excède l'offre, la précommercialisation n'est pas un sujet. Mais le mécanisme qui consiste à s'engager, parfois sur plusieurs années, avant de pouvoir acquérir la propriété d'un bien semble de plus en plus mal se conjuguer avec les attentes des acquéreurs. Enfin, soulignons là aussi la direction imposée par la réglementation. Les banques françaises ont réussi à repousser en fin d'année 2016 de nouvelles règles émanant du Comité de Bâle et visant à sécuriser davantage le bilan des banques qui accordent beaucoup de crédits longs à taux fixe, comme les crédits immobiliers. Cette réglementation dite de Bâle IV demandait aux banques, qui prêtent à taux fixe à long terme mais se refinancent à court terme, de mieux se protéger face à une possible hausse de ces taux alors qu'ils sont historiquement bas. Cela visait particulièrement les banques françaises qui conservent les crédits dans leur bilan et prêtent à taux fixe alors que leurs concurrentes anglo-saxonnes revendent les crédits sur les marchés financiers et prêtent plus souvent à taux variables. Puisque ces banques n'auraient pas eu les moyens d'augmenter encore leurs fonds propres, la conséquence aurait été une réduction du volume de crédits immobiliers accordés. La menace est écartée cette fois mais montre bien la trajectoire du financement bancaire. En tout état de cause, le poids de la précommercialisation dans le financement total devrait au mieux se stabiliser. Fonds propres, dette bancaire et préventes, trois faces d'un même marché du financement qui ne tient pas ses promesses et agit ainsi comme un frein pour les promoteurs. Il faut conjointement résoudre les problèmes qui se posent dès aujourd'hui dont la pénurie de logements aux quatre coins du globe et anticiper les changements à venir dont la perte d'attrait des préventes.

Les particuliers sont également des agents économiques à besoin de financement lorsqu'ils envisagent la construction d'une maison. Ils souhaitent occuper la maison avant d'avoir payé l'intégralité du foncier et des travaux. Il faut donc un apport en capital pour combler ce gap. Ce rôle de prêteur est aujourd'hui assuré par les banques traditionnelles mais les démarches sont encore très lourdes. Aux États-Unis, la durée moyenne pour l'obtention d'un prêt est encore de 40 jours tandis que le coût de gestion avoisine les 7 000 dollars[1]. L'intervention de nombreux intermédiaires, dont des courtiers, peut en partie expliquer la durée et le coût moyens de cette procédure. Heureusement pour les pays développés, ces coûts sont actuellement compensés par des taux d'intérêt qui n'ont jamais été aussi bas. Cette faiblesse des taux résulte davantage d'éléments exogènes que d'une plus grande efficience dans l'allocation des crédits bancaires (qui découlerait par exemple d'une meilleure appréciation de la solvabilité de l'emprunteur). Les politiques expansionnistes de la Banque Centrale Européenne jouent à plein. Pour s'en convaincre, il suffit d'observer pour la France l'évolution du taux d'intérêt des crédits immobiliers depuis 2001 et de se rendre compte qu'il a suivi exactement la même évolution que le taux des obligations d'État, de 5 % en 2001 à moins d'1,5 % en 2017. Cependant, les taux directeurs des banques centrales ont déjà commencé à remonter et la répercussion sur les taux des crédits immobiliers sera automatique. C'est alors que la difficulté du secteur bancaire à générer des gains de productivité sera manifeste. « *C'est quand la mer se retire qu'on voit ceux qui se baignent nus* », pour reprendre l'expression de Warren Buffet, fondateur du fonds d'investissement Berkshire Hathaway qui

1. Selon les estimations de la start-up américaine Blend.

lui a permis de devenir l'une des plus grosses fortunes américaines.

En plus des banques centrales, les États interviennent régulièrement dans le financement de l'immobilier à destination des particuliers. Ces interventions ne sont pas toujours couronnées de succès et sont même parfois à l'origine de déséquilibres dangereux pour l'économie. Le développement massif des *subprimes* a par exemple été encouragé par l'administration américaine pendant des années. Au travers de deux agences gouvernementales, Fannie Mae et Freddie Mac, l'État américain a garanti des millions de crédits hypothécaires afin de favoriser l'accès des ménages modestes à la propriété. Ainsi déresponsabilisées, les banques américaines ont accordé des prêts à des ménages non solvables. Le phénomène a vite pris des proportions gigantesques et les agences Fannie Mae et Freddie Mac se sont retrouvées avec plus de 5 trillions de dollars de crédits hypothécaires sous garantie. La suite est connue : explosion de la bulle immobilière en 2007-2008 et répercussions dramatiques dans le monde entier. À plus petite échelle, la Cour des comptes critique régulièrement les effets distorsifs des multiples aides à la propriété mises en place en France. Le prêt à taux zéro (PTZ puis PTZ +), dont la première mouture date de 1995, apporte de la solvabilité aux acheteurs mais a aussi pour conséquence de redonner confiance aux vendeurs et de faire remonter les prix.

Les problèmes de financement ne sont pas les seuls freins à la construction. La rareté du foncier et les contraintes administratives sont notamment mises en avant par les promoteurs et les particuliers. Cependant, la libération massive de foncier tout comme la déréglementation dépendent exclusivement des pouvoirs publics. Tout attendre de ces derniers condamnerait le secteur à l'immobilisme. En bons stoïciens, concentrons-nous sur ce qui dépend de nous. Changer les modes de financement de l'immobilier est possible. L'épargne est là, abondante. En lieu et place des solutions de fortunes apportées par les banques centrales et les États, de nouveaux acteurs innovants souhaitent changer les règles du jeu. Un secteur ne naît pas improductif, il le devient par manque d'innovations. Il incombe à ses nouveaux acteurs de démontrer que l'investissement dans l'immobilier n'est pas un investissement improductif.

La mise en relation directe des emprunteurs et des prêteurs

De nombreuses start-up à la frontière de la Real Estech et de la Fintech apportent d'ores et déjà des solutions durables pour mieux mettre en relation les emprunteurs et les prêteurs. Ces start-up ont en commun la volonté la remplacer la chaîne de valeur très fragmentée du secteur par des plateformes. En effet, comme dans la plupart des secteurs, le numérique offre la possibilité de réintermédier l'activité autour d'un distributeur unique en capacité de réaliser la meilleure allocation entre l'offre et la demande. Jusqu'ici, les intermédiaires entre les agents à capacité de financement et ceux à besoin de financement étaient nombreux. Dans l'ancien modèle, les agences bancaires et d'assurances vendent des produits de placement aux épargnants. Ces fonds remontent jusqu'au siège puis une équipe dédiée est en charge de les réinvestir. Souvent, un courtier en financement met en relation cette équipe avec les promoteurs qui cherchent un partenaire financier. Tous ces acteurs se rémunèrent au passage et le coût du capital est ainsi plus élevé.

Le numérique bouleverse complètement cette chaîne de valeur très intermédiée. Rien n'empêche désormais un promoteur de faire directement appel à l'épargne disponible *via* le *crowdfunding*, littéralement « financement par les foules ». Cette alternative, aussi appelée financement participatif, a été mise en place pour la première fois en 2003 par la plateforme Internet ArtistShare. Réservé principalement aux musiciens et compositeurs de musique jazz, ArtistShare fonctionne comme un label, permettant au créateur de financer son projet grâce au soutien du grand public. Dans ce cas, les membres de la communauté font un don à l'artiste qu'ils soutiennent. Dans d'autres cas, le *crowdfunding* se fait sous forme de prêts ou de prise de participation au capital. Depuis, le *crowdfunding* a investi l'ensemble des secteurs. En 2014, le financement des musiciens compte pour 5 % de l'ensemble des fonds levés *via* le *crowdfunding* tandis que celui des films et des arts vivants représente 12 %. L'humanitaire au sens large capte 19 % de l'épargne investie mais c'est le financement des entreprises qui reste en tête avec plus de 40 %. À côté, l'immobilier signe la plus belle progression sur un an avec 6 % des fonds levés[1]. Les perspectives sur chacun des segments sont énormes : le marché du *crowdfunding* est estimé à 1 000 milliards de dollars à l'horizon 2020 par Forbes[2].

En 2015, l'industrie mondiale du *crowdfunding* a atteint un niveau inégalé (35 milliards de dollars) dont une part significative s'est dirigée vers le financement immobilier (3,5 milliards)[3]. Concrètement, des promoteurs et parfois des particuliers viennent chercher les fonds dont ils ont besoin directement sur une plateforme de *crowdfunding*. Dans ce secteur, il n'y a pas de dons. Les investisseurs délivrent des prêts ou prennent éventuellement des participations au capital de l'emprunteur. Aux États-Unis, les premières plateformes ont été créées en 2011. Parmi celles-ci, RealtyMogul s'est appuyé en cinq ans

1. « Crowdsourcing Industry Report », Crowdsourcing.org, 2014.
2. « What's in store for Crowdfunding and angel investors », *Forbes*, 2013.
3. « Massolution Crowdfunding Report 2015 ».

sur une communauté de 80 000 personnes qui ont investi au total plus de 200 millions de dollars dans 300 projets différents sélectionnés par la plateforme. Le métier de la plateforme est de choisir finement les meilleurs projets, le ratio de sélection étant environ d'un pour dix dans le cadre de RealtyMogul. Du fait de conditions de financement différentes, notamment des taux d'intérêt bancaires plus élevés et de l'absence de précommercialisation, le modèle du *crowdfunding* prospère aux États-Unis. De nombreux promoteurs ont ainsi trouvé le financement adéquat pour développer des produits résidentiels et commerciaux. Un des opérateurs new-yorkais les plus respectés a par exemple fait appel au *crowdfunding* pour le financement d'un projet emblématique : le World Trade Center III, troisième plus haut building de New York au centre du fameux quartier d'affaires de Manhattan. Pour ce projet emblématique, l'appel direct à l'épargne est apparu comme une évidence. D'autres plateformes ont un positionnement plus haut de gamme et ciblent en priorité les particuliers fortunés sous forme de *club deals*. C'est le cas de CADRE, une start-up cofondée par Jared Kushner, le gendre de Donald Trump, qui a levé 65 millions de dollars en juin 2017 pour accélérer son développement. Au total, plus de 100 plateformes sont actives dans le pays dont RealtyShares, qui permet aux particuliers de lever l'argent dont ils ont besoin pour lancer la construction de leur maison. Du Canada à l'Australie en passant par la Chine et l'Europe, le modèle s'exporte et les communautés s'agrandissent. La France est le premier marché de la zone euro pour le *crowdfunding* immobilier. Anaxago, Homunity, Wiseed... les acteurs se multiplient depuis 2013. En février 2017, Anaxago a levé 10 millions d'euros auprès de cinq institutionnels pour lancer des opérations immobilières. 55 millions d'euros ont été collectés sur ces plateformes en 2016, essentiellement sous forme de prêts. Le promoteur KaleLithos Promotion a par exemple levé 1,8 million d'euros auprès de quarante investisseurs en 2014 afin de réaliser un programme résidentiel appelé Koh. L'immeuble de 57 étages a été livré début 2017 et les investisseurs ont été rémunérés. Des projets hôteliers bénéficient aussi de ce mode de financement. Ainsi, le promoteur Redman s'est associé à la plateforme Upstone pour le développement d'un établissement à Lormont, près de Bordeaux. Le ticket d'entrée est à seulement 100 euros alors que la récolte attendue est d'1,2 million d'euros. Une autre opération de ce type est en cours à Toulon, où il s'agit de transformer les anciennes halles pour en faire un hôtel de 44 chambres.

Le logement social bénéficie également de cette nouvelle source de financement. En 2015, le promoteur Parthnea s'est allié avec la plateforme de *crowdfunding* Wiseed pour construire 51 logements sociaux en Seine-et-Marne. Rien de surprenant tant les différents acteurs partagent les mêmes valeurs. L'Autorité des marchés financiers suit de près cette évolution et s'assure que les règles sont respectées. Juridiquement, les plateformes ont généralement le statut de Conseiller en Investissement Participatif, sauf si les montants des projets proposés sont supérieurs à 1 million d'euros et justifient ainsi l'obtention du statut de « prestataire en service d'investissement ».

Les pays émergents surfent également sur cette nouvelle vague. En Afrique, le *crowdfunding* immobilier a dépassé le milliard d'euros en 2015[1]. La plateforme Realty Africa est présente dans la plupart des pays de l'Afrique subsaharienne et s'appuie sur un réseau de 100 promoteurs locaux. Des initiatives sont aussi lancées en Amérique du Sud. En Colombie par exemple, un gratte-ciel de 240 mètres de hauteur baptisé Bogotá Downtown Bacatá a été financé par une immense campagne de *crowdfunding* immobilier – la plus grande campagne connue à ce jour. Plus de 150 millions de dollars ont été levés à cette occasion auprès de 3 800 Colombiens. Il s'agissait du premier gratte-ciel construit dans la ville depuis 35 ans.

Le *crowdfunding* immobilier permet au capital de circuler plus vite et à coûts réduits. En s'appuyant sur des solutions 100 % numériques, les plateformes facturent des frais de gestion très compétitifs. En France, un investisseur qui place une partie de son épargne dans une OPCI (Organisme de placement collectif immobilier) ou une SPCI (Société civile de placement immobilier) doit

1. « Crowdsourcing Industry Report », Crowdsourcing.org, 2015.

s'acquitter de 10 % de frais à la souscription, auxquels s'ajoutent des commissions annuelles d'environ 2 %. En ce qui concerne le *crowdfunding* immobilier, seule une commission d'environ 8 % est facturée à l'emprunteur au moment de la levée. En plus du numérique, ces coûts réduits s'expliquent également par la quantité d'investissements réalisés par la plateforme. Alors que la plupart des fonds de placements immobiliers réalisent seulement quelques grosses opérations par an, les plateformes apportent de plus petits tickets mais bénéficient d'un effet volume important.

La vitesse de circulation du capital pâtissait aussi de la multiplication des intermédiaires. Le financement participatif, lui, permet de lever rapidement de l'argent. La plateforme anglaise Property Partner a réussi l'exploit de lever 1 million d'euros en seulement 10 minutes et 43 secondes. Au-delà de ce cas spectaculaire, il n'est pas rare qu'un promoteur trouve le financement requis en seulement quelques jours. Les plateformes apportent également la transparence qui faisait cruellement défaut au marché du financement. Les asymétries d'information qui permettaient aux gros promoteurs de capter l'ensemble des fonds disponibles n'existent plus dans ce nouveau paradigme. Des promoteurs aux profils plus entrepreneuriaux ont maintenant accès au capital et les constructions devraient gagner en diversité. Plus généralement, cette nouvelle source de financement permet aux opérateurs de mettre moins de fonds propres dans chaque projet et d'augmenter ainsi le nombre de projets menés en simultané. Le coût de capital est compris entre 8 et 12 % pour l'emprunteur. Les banques, qui avaient assez mal accueilli ces nouvelles plateformes, voient maintenant le *crowdfunding* immobilier comme une source de financement complémentaire. Le Crédit Coopératif est même actionnaire de Wiseed.

Le financement des projets immobiliers des particuliers vit également sa mue. De nouveaux acteurs aident les banques à interagir avec leurs clients. C'est le cas de Blend, start-up américaine dont le logiciel facilite la demande de prêt immobilier en réduisant le process à quelques minutes. Parfois, ces nouveaux acteurs sont eux-mêmes des banques. Sindeo, créé en 2013, accorde des prêts aux particuliers après une candidature sur Internet qui ne prend que quelques minutes. Le *crowdfunding* constitue aussi une source de financement pour les particuliers. Ainsi, il existe de nombreuses plateformes bifaces où des particuliers contractent des prêts avec d'autres particuliers afin de financer la construction de leur maison. Le site français Devenez-proprio.fr permet aux futurs primo-accédants de lancer un appel aux dons afin de réunir un apport suffisant pour l'obtention du crédit bancaire.

La valeur créée par les plateformes

La baisse des coûts de gestion et la meilleure circulation du capital ne sont que les premiers effets positifs des plateformes de financement. D'autres effets, plus dynamiques, sont également attendus.

Parmi ceux-ci, une capacité à mieux apprécier le risque de chaque opération, ce qui est la tâche principale de l'investisseur. Les plateformes de *crowdfunding* sont capables de générer des rendements croissants par économies d'échelle. Ici, chaque projet financé *via* la plateforme permet à cette dernière de mieux mesurer le risque d'une opération future. La croissance entraîne l'efficience. En effet, la plateforme peut par exemple comparer les prix de vente prévisionnels communiqués par le promoteur avec les prix de vente effectivement appliqués pendant l'opération. La même analyse peut être faite concernant les coûts de travaux. La plateforme affine en temps réel sa connaissance du marché immobilier et apprécie de mieux en mieux le risque inhérent à chaque opération de promotion. La même recherche de volume existe chez les plateformes de financement bancaire. En captant des données chez de multiples clients, la banque en sait toujours plus sur leur capacité à rembourser. Nous assistons à l'avènement du «*smart capital*», ou comment rendre le financement intelligent. Cette promesse d'efficience a convaincu des premiers institutionnels d'investir *via* des plateformes de *crowdfunding* plutôt que de se reposer sur des équipes internes. Le grand gestionnaire d'actifs Direct Lending Investments s'est ainsi engagé à investir 73 millions de dollars dans les projets proposés sur la plateforme de *crowdfunding* immobilier Realty Mogul. L'analogie avec le marché du médicament illustre bien la valeur apportée par les plateformes. Tout d'abord, il faut segmenter, offrir aux investisseurs des tickets plus faibles qui leur permettent d'accéder à plus d'opportunités. C'est en quelque sorte la vente des médicaments à l'unité. Ensuite, il faut comparer les résultats attendus aux résultats effectivement obtenus afin d'améliorer la prochaine prescription.

Le deuxième avantage comparatif des plateformes est lié aux opportunités d'intégration qu'elles offrent. La chaîne de valeur de l'immobilier est encore très fragmentée. Chacun est à sa place : investisseur, promoteur, constructeur, etc. Cette linéarité s'explique en grande partie par les nombreuses asymétries d'information qui caractérisent le secteur. Or les plateformes font circuler l'information et ouvrent ainsi de nouveaux accès. Prenons l'exemple de la recherche des opportunités de promotion. L'investisseur, jusqu'ici, considérait que seul le promoteur était en mesure d'identifier les fonciers libres et intéressants. Il acceptait donc de le rémunérer pour cette partie du travail. Demain, cette information sera facilement accessible dans la mesure où des startups comme KelFoncier numérise et tienne à jour l'ensemble des PLU (plans locaux d'urbanisme) du territoire Mieux, les plateformes de financement participatif pourront s'appuyer sur leur communauté pour faire ce travail de recherche. Les investisseurs reconnaissent également au promoteur son expertise sur un marché donné. Demain, les plateformes utiliseront leurs nombreuses données et connaîtront mieux les marchés que les promoteurs. Dès lors, quelle place pour le promoteur dans cette nouvelle chaîne de valeur ? Aux États-Unis, l'entreprise Prodigy Network est à la fois une plateforme de *crowdfunding* et un promoteur immobilier. L'intégration verticale a permis à l'entreprise de lever plus de 150 millions de dollars pour développer des projets à New York et en Amérique du Sud. En France, ce modèle mixte a été adopté par la société Lymo, basée à Toulouse. La maîtrise des deux compétences permet également d'aller plus vite. L'offre d'immobilier au sens large pourrait enfin devenir moins rigide. Pour finir, le promoteur est menacé par l'aval de la chaîne : les clients finaux. Le groupe hôtelier français Maranatha finance par exemple la construction de ses nouveaux établissements en passant par la plateforme de *crowdfunding* Look&Fin.

Enfin, cette nouvelle chaîne de valeur offre de belles opportunités aux investisseurs qui partagent les gains de productivité du secteur avec l'emprunteur. Les plus petits tickets permettent aux investisseurs de diversifier leur portefeuille plus facilement. Ils peuvent ainsi prendre des positions dans différentes villes d'un même pays pour diminuer le risque global. Pourquoi acheter 100 % d'un appartement à Toulouse alors qu'on pourrait pour le même prix acquérir 25 % de ce bien, 25 % d'un appartement à Strasbourg, 25 % d'un autre à Marseille et 25 % d'un dernier de même valeur à Lille ? Le risque est alors mieux réparti, imperméable aux évolutions des marchés locaux. Cela peut aussi se faire avec des placements à l'étranger afin de bénéficier du dynamisme économique de pays étrangers. L'essor des plateformes de *crowdfunding* en Australie s'explique en partie par l'appétit des Australiens pour des investissements immobiliers en Chine. Si le financement des opérations de promotion est par nature risqué, il existe également du *crowdfunding* d'investissement locatif : un investisseur achète une part d'un actif loué et touche un loyer. Chaque investisseur peut donc construire un portefeuille équilibré depuis son ordinateur et sans passer par des intermédiaires trop gourmands. Nous assistons à la deuxième étape de financiarisation de l'immobilier après celle des années 1990 qui avait vu la libéralisation des marchés et l'arrivée des fonds d'investissement faisant de l'immobilier un produit financier comme les autres.

2

Construire à moindre prix grâce à l'industrialisation

Le bâtiment se distingue des autres marchés par le cycle très long des produits. Les constructions ont des durées de vie longues, de 40 à 50 ans, même si celles-ci tendent à se réduire. Autrement dit, il est nécessaire de séparer ce qui relève de la première production de ce qui relève de la rénovation. L'importance accordée à la rénovation par rapport à la construction neuve renvoie bien souvent l'image d'un secteur immobilier immobile et traduit la frilosité des responsables politiques à permettre la modification du paysage urbain, même quand cela se révèle profitable à l'intérêt général.

Il faut dire que la construction est sans doute le segment le plus régulé du secteur immobilier, tant du point de vue des normes nouvelles de construction et d'aménagement que des réglementations d'urbanisme local restreignant la densité ou la destination du bien. Le poids des réglementations est tel que certains constructeurs préfèrent désosser un immeuble et le réhabiliter entièrement, à des coûts bien plus élevés qu'une simple démolition-reconstruction, sous prétexte de conserver la régulation ancienne. Alors qu'il ne viendrait à personne l'idée de rénover le parc de voitures existantes pour les convertir à la mobilité électrique, pour des raisons aussi symboliques que politiques, la démolition est l'exception quand elle devrait être la règle. Les technologies de démolition sont maîtrisées et peu onéreuses – 100 euros par mètre carré environ. Pourtant, elles ne sont réservées qu'aux grands ensembles bâtis dans les années 1950 et 1960 en périphérie des grandes villes et devenus des quartiers enclavés à l'habitat dégradé. L'Agence pour la Rénovation Urbaine a ainsi financé la destruction de 151 000 logements depuis sa création en 2004 mais ce chiffre est une goutte d'eau face aux 35 millions de logements que compte le pays.

La préservation du patrimoine est souhaitable mais elle a un coût économique et social qui ne doit pas être négligé. Quand le baron Haussmann a détruit un grand nombre de bâtiments historiques pour aménager le Paris moderne avec les immeubles auxquels il a légué son nom, il n'a pas hésité. Nombreux étaient les opposants à ces changements qui ont pourtant aidé le pays à embrasser la Révolution industrielle. Victor Hugo lui-même s'était ému en 1852 de la transformation de la ville dans un article intitulé « Guerre aux démolisseurs »[1]. Si aujourd'hui les bâtiments du XIXe siècle ne répondent plus aux exigences de qualité et de performance, il ne faut pas hésiter non plus.

Des coûts de production croissants

Comme nous l'avons dit, d'un point de vue quantitatif, les besoins de construction sont immenses. Pourtant, produire n'a jamais été aussi difficile. Les études sur la faiblesse des gains de productivité dans le secteur de la construction sont légion et sont anciennes. Dès les années 1960, des experts s'inquiétaient de la relative stagnation du secteur au regard du reste de l'économie, le Department of Commerce américain produisant un rapport pointant du doigt la lenteur d'acceptation des innovations. La situation n'a guère évolué. En Suède, sur la période 1993-2003, les gains de productivité du secteur de la construction auraient été seulement d'un dixième de ceux mesurés dans le secteur de l'industrie manufacturière. Une étude de McKinsey sur les deux dernières décennies en France établit même que la

1. Victor HUGO, « Guerre aux démolisseurs », *Revue des Deux Mondes*, 1832.

productivité horaire du secteur de la construction aurait connu une baisse de 6 % alors qu'elle progressait de 87 % dans le secteur manufacturier.

Plusieurs auteurs viennent nuancer ce jugement, en avançant notamment que le secteur immobilier incorpore des innovations ayant trait aux matériaux de construction, qui ne se voient donc pas dans la valeur de production faciale mais dans la valeur d'usage du bâtiment, que ce soit au niveau global ou au niveau des particuliers. Ainsi, le développement par l'industrie chimique des polymères a permis l'arrivée de matériaux comme le Corian ou l'Ayonite, plus résistants et plus faciles à entretenir, massivement utilisés dans les restaurants, les hôtels ou les hôpitaux. Si cette affirmation est juste, les cas sont aussi nombreux de bâtiments modernes plus économes en énergie mais moins durables que des bâtiments plus anciens. À n'en pas douter, en l'absence de gains de productivité et donc de capacité à réduire le coût complet, la pression sur les coûts, y compris dans le champ de la commande publique, s'est souvent traduite par une baisse du coût facial de construction et un report de coûts sur la maintenance ou l'entretien. À l'évidence, même si les instruments de mesure sont moins robustes que pour d'autres secteurs de l'industrie manufacturière, le rythme du progrès technique dans le secteur de la construction est faible. Comparaison n'est pas raison mais pour donner un ordre de grandeur, l'Empire

State Building et ses 381 mètres, plus haut immeuble du monde pendant près de 40 ans, a été construit en 14 mois, engageant 3 400 ouvriers dont cinq perdirent la vie. La construction de la tour Burj Khalifa à Dubaï, plus haute tour du monde avec ses 584 mètres au plafond, a duré 60 mois, employant 7 500 ouvriers à son pic, dont un est décédé.

Alors même que de nombreux secteurs – la banque, le commerce… – investissent lourdement dans leur transformation numérique, le secteur de la construction semble en stagnation volontaire. Une étude menée en 2014 par JBKnowledge en partenariat avec l'université du Texas A&M a montré qu'un tiers des entreprises allouait moins de 1 % de leur chiffre d'affaires aux technologies informatiques et numériques. 40 % des entreprises interrogées n'avaient pas de département informatique dédié. Pire encore, parmi les entreprises de plus de 500 millions de dollars de chiffre d'affaires, près de la moitié se situait en dessous de ce seuil de 1 % d'investissement. Gartner a confirmé que la dépense moyenne dans le secteur de la construction pour les outils informatiques et numériques stagnait à 1 % quand elle était à plus de 3,3 % dans le reste de l'économie américaine. Concernant les seules dépenses de R&D publiques et privées en la matière, elles stagnaient à 0,4 % de la production annuelle du secteur, soit cinq fois moins que le secteur aéronautique, quatre fois moins que le secteur automobile et deux fois moins que le secteur bancaire. Ces taux se retrouvent en Europe dans des proportions avoisinantes.

Une partie de l'explication réside dans la dynamique du marché – quand la demande est forte, les entreprises ont peu d'intérêt pour l'innovation. L'autre dans les normes. La construction est victime de régulations fortes établissant des standards très élevés qui, tant qu'ils sont respectés, permettent aux constructeurs de ne pas être inquiétés mais poussent à ignorer toute notion de performance. Il n'y a pas de notion de performance dans le bâtiment. Hors zones sismiques, un bâtiment est plusieurs fois trop solide alors qu'un ouvrage d'art comme un pont ou une digue peut travailler jusqu'à ses limites physiques. La variabilité du secteur heurté par des crises toujours plus brutales et la réduction des marges des constructeurs laissent peu de moyens à consacrer à l'innovation. Il ne s'agit pas que des normes de sécurité mais aussi des normes liées à la qualité du bâtiment telles que l'ajout de plafonniers électriques ou de prises au-dessus du plan de travail. Enfin, il faut mentionner la multiplication des éléments visant à l'amélioration des conditions de travail sur les chantiers qui viennent ajouter à la facture globale de la construction.

Des facteurs culturels peuvent également expliquer ce faible taux d'investissement dans l'avenir, notamment la préférence pour un changement évolutionnaire plutôt que disruptif, avec des outils et des technologies maîtrisées.

Il faut reconnaître que le défaut de production est un risque vital, comme c'était le cas pour les constructeurs automobiles. La lenteur de diffusion du placoplatre s'explique ainsi par la résistance des plâtriers habitués à talocher, c'est-à-dire étaler le plâtre ou un enduit de finition à la main. Il ne faut pas non plus négliger l'idée répandue que les investissements dans les nouveaux outils ne sont pas rentables du point de vue financier. Enfin, les autorités de régulation sont elles aussi assez conservatrices quant à l'introduction de nouveaux produits.

La structure du secteur est souvent mise en avant pour expliquer la faiblesse de l'investissement. La multiplication d'entreprises de petite taille opérant sur des zones géographiques limitées et sans intégration verticale apparaît comme une des raisons essentielles de l'incapacité à digérer, voire à susciter l'innovation. La barrière à l'entrée du secteur de la construction est faible. Ces entreprises à l'activité parfois erratique n'ont pas les ressources capitalistiques pour investir dans des outils et des processus de production modernes. Le coût pour faire passer un poste de travail de la 2D à la 3D est évalué entre 8 000 à 15 000 euros selon le Syndicat des métiers de la prestation intellectuelle du Conseil, de l'Ingénierie et du Numérique (CINOV). Ces petites entreprises manquent des ressources humaines pour utiliser les nouveaux outils ou innover à l'échelle de leur métier. Les coûts de formation associés à la montée en compétences de leurs salariés peuvent apparaître prohibitifs. Elles sont par ailleurs difficiles à atteindre pour les institutions de recherche ou de promotion.

La fragmentation du secteur est à mettre en regard de la fragmentation des opérations immobilières et relève donc de la volonté d'urbanisation des pouvoirs publics. La multiplication d'opérations de petite taille tend à fragmenter les donneurs d'ordre et à les rendre plus conservateurs dans l'introduction d'innovations dont le coût pourrait être mieux amorti sur de plus larges ensembles. Elle conduit à une compétition sur les coûts au détriment de la qualité du projet. La fragmentation des projets tend à empêcher les économies d'échelle associées à l'aménagement d'un quartier et au contraire à multiplier les coûts d'installation de matériels de levage en zone dense. La préférence pour la rénovation plutôt que la construction neuve engendre à ce titre des coûts importants.

Les pays dans lesquels les acteurs de la construction ont investi massivement pour moderniser leur processus de construction immobilier en ont tiré profit, comme le Japon dans les années 1980 dont les constructeurs ont rapidement rattrapé la frontière technologique et mis au point de nouvelles méthodes de production révolutionnaires ou comme la Chine est en train de le faire aujourd'hui. Mais plus important encore, face à l'immobilisme séculaire, de toutes parts jaillissent des innovations susceptibles de changer la façon de produire les bâtiments. Nous vous proposons de les recenser dans leur ordre d'apparition sur un chantier.

Les matériaux, berceau traditionnel des innovations

L'innovation dans la construction débute avec les matériaux de construction. C'est dans ce secteur qu'elle est concentrée depuis des décennies. Une étude a montré que les producteurs de ces matériaux représenteraient jusqu'aux deux tiers de la dépense de R&D liée à l'immobilier. L'Activité Matériaux Haute Performance de Saint-Gobain consacre une part significative de son chiffre d'affaires à la recherche et au développement : 4,2 % en 2013. Les champs d'investigation et de progrès dans ce secteur sont identifiés et connus. Les innovations sont le fait de très grandes entreprises qui ont connu un phénomène de concentration ces dernières années.

Les innovations concernent autant la mise au point de nouveaux matériaux que le perfectionnement de ceux déjà utilisés. Les avancées se concentrent sur les nanomatériaux. Il est désormais envisageable de créer des matériaux hybrides ajoutant aux propriétés du support comme le métal ou la céramique des propriétés de mémoire de forme ou hydrophobe. Ces matériaux ne participeront pas de la structure même des immeubles mais permettront de mettre au point des vitres intelligentes ou des échangeurs thermiques. La première usine de production de verre électrochrome a été implantée aux États-Unis. Ce vitrage, qui s'obscurcit par commande électrique, permet un contrôle total des apports de lumière et de chaleur dans les bâtiments. Il est également désormais envisageable d'industrialiser la production de graphène, ce matériau d'une très grande conductivité et résistance découvert en 2004. Les recherches sur les ondes élastiques ont permis de créer des matériaux capables d'assurer la diffusion des ondes sans altérer leur composition, permettant notamment de résister aux tremblements de terre. Les recherches sur les revêtements vont permettre d'améliorer des matériaux préexistants, que ce soient du verre, de l'acier ou même du papier. Faits de nanoparticules de dioxyde de titane, ils permettent par exemple de repousser l'eau ou la saleté. Les métamatériaux en silicone imprimés en 3D permettent quant à eux de créer des mécanismes complets en une seule pièce, comme une clenche de porte avec sa poignée intégrée.

D'autres travaux visent à l'amélioration des matériaux stars que sont le ciment et le béton : les travaux de recherche appliquée se poursuivent pour y ajouter d'autres matériaux susceptibles de les rendre toujours plus solides, plus légers et plus souples, moins consommateurs en eau en y ajoutant différent nanomatériaux.

La société austro-hongroise LiTraCon, spécialisée dans la création de matériaux de construction, est à l'origine d'un béton en quelque sorte translucide dans lequel ont été insérées des fibres optiques. Grâce à elles, la lumière peut traverser un mur LiTraCon. Mis au point par une équipe de chercheurs de l'Université du Wisconsin-Milwaukee, le Superhydrophobic Engineered Cementitious Composite (SECC) est un béton bien plus résistant à l'eau et aux fissures qu'un béton traditionnel, avec une durée de vie qui pourrait atteindre les 120 ans. Un de ses atouts majeurs est sa ductilité – la capacité d'un matériau à se déformer sans se rompre – qui serait jusqu'à 200 fois supérieure à un béton ordinaire. Une performance rendue possible grâce à des fibres d'alcool polyvinylique non tissées incorporées au béton. Le SECC est aussi très résistant à l'eau, qui s'écoule par des microcraquelures, au lieu de s'infiltrer dans les fissures où elle risquerait de stagner et, lors de grands froids, de détériorer le béton. Le SECC serait ainsi capable d'encaisser une compression jusqu'à quatre fois plus importante que le béton armé.

Concernant les éléments électroniques incorporés dans les bâtiments, que ce soient les fibres d'optique pour mesurer la stabilité d'un bâtiment ou des capteurs pour mesurer les fuites d'eau, ils n'ont pour l'instant pas vocation à connaître d'évolutions majeures mais leur coût devrait poursuivre sa diminution. Les tuiles et ardoises sont elles aussi réinventés pour mieux intégrer les technologies photovoltaïques au bâti. C'est le pari de Solar City d'Elon Musk qui produit des ardoises en quartz mais aussi du français Imerys ou de la PME italienne Dyaqua avec ses tuiles solaires en terre cuite.

L'utilisation de matières naturelles est le champ qui offre la marge de progression la plus intéressante, notamment celle du bois, qui a un bel avenir devant lui. Traiter le bois par haute température, c'est ce que propose la société THT. Pour obtenir un bois aux nouvelles propriétés, elle le soumet à une température qui monte progressivement dans un milieu contrôlé. La résistance à l'humidité est accrue de 30 à 50 %, entraînant une meilleure durabilité ainsi qu'une stabilité des dimensions du bois dans le temps. Timothée Boitouzet, qui a été nommé innovateur français de l'année par la *MIT Technology Review*, a créé sa start-up Woodoo en 2015 afin de rendre le bois deux à trois fois plus rigide, imputrescible, étanche mais aussi translucide. Le procédé mis en œuvre consiste à retirer la lignine du bois pour la remplacer par un plastique d'origine naturelle qui renforce la structure moléculaire. Intégré au bois grâce à un autoclave, ce plastique permet de renforcer les liaisons atomiques entre les fibres. Le procédé est en cours d'amélioration pour réaliser des tranches progressivement plus épaisses. Le carton fait aussi partie des biomatériaux prometteurs. BAT'IPAC propose depuis

2010 un isolant porteur alvéolaire cellulosé, c'est-à-dire des plaques composées de feuilles de carton recyclé collées les unes aux autres puis enduites de polyéthylène pour l'étanchéité. Le produit est un isolant thermique efficace et écologique en plus d'offrir un prix compétitif – 60 000 euros pour une habitation de 90 m². Une autre société, américaine cette fois, BetR-blok, a fondé son activité sur la conception de briques à partir de ciment et de cellulose provenant de papier et de carton recyclés. Les briques présenteraient une bonne solidité, et seraient même de très bons isolants thermiques et acoustiques, tout en résistant aux moisissures et au feu, sans parler de l'atout écologique. Des essais sont menés sur des matériaux moins connus comme le lin ou le chanvre. Avec 75 000 hectares, la France est le premier producteur de lin dans le monde. Une ressource locale à laquelle se sont intéressés le laboratoire de recherche de l'ESITC Caen et l'entreprise du bâtiment CMEG, qui en ont développé un béton à partir de ses fibres : le Btonlin. Les propriétés du lin confèrent au Btonlin résistance et isolation thermique accrue. Les biomatériaux n'en sont qu'à leurs balbutiements. La construction et les immeubles neufs vont être de plus en plus évalués au regard de leur empreinte en gaz à effet de serre, notamment le CO_2. Or l'amélioration de la performance énergétique des bâtiments fait que la construction qui ne pesait auparavant que 20 % du bilan carbone de ceux-ci (la majorité étant liée au chauffage) en représente désormais la moitié.

Les procédés de production des quatre matériaux de base des immeubles modernes impliquent des émissions de CO_2 significatives : 1 800 kg de CO_2 par tonne d'acier, 300 kg de CO_2 par tonne de verre, environ 150 kg de CO_2 par tonne de béton et 50 kg de CO_2 par tonne de bois. De plus, les émissions liées à la production de béton représentent aujourd'hui 6 à 7 % des émissions mondiales de CO_2. L'avantage des biomatériaux est que, durant leur croissance, ils absorbent une partie du CO_2 présent dans l'atmosphère. Ils présentent aussi un très fort potentiel de réutilisation, soit en recyclant la ressource, soit en produisant de la chaleur par combustion. Plus légers, ils impliquent également une consommation d'énergie moindre lors du transport et du montage. Néanmoins, le bois reste assez peu utilisé, avec quelques exceptions aux États-Unis, au Canada ou dans les pays scandinaves du fait de l'abondance de la ressource. La faiblesse de son utilisation s'explique par le manque de structuration de la filière alors que les marchés du ciment, du béton et l'acier sont très concentrés.

En réponse à cette problématique, certaines entreprises innovantes promettent des réductions conséquentes de l'empreinte carbone du béton. Au-delà des Anglais Novacem ou des Allemands Celitement du Karlsruhe Institute of Technology, la société Solidia Technologies, émanant de chercheurs de l'Université Rutgers, ambitionne de réduire de 70 % la génération de

CO_2 lors de la production. Plusieurs grands groupes dont Total, Lafarge, BASF, BP et récemment Air Liquide ont investi dans Solidia.

L'acquisition toujours moins chère de la donnée

En amont de la construction, les études de faisabilité sont encore trop longues et trop coûteuses. Avant de lancer la construction d'un bâtiment, il y a en effet un certain nombre de données à collecter, qu'il s'agisse de la taille des bâtiments voisins ou de la topographie du sol. Ces informations nécessitent des prises de mesure facilitées par de nouveaux outils de captation qui promettent des gains importants de productivité. Pour les extérieurs, de nouvelles caméras comme la Leica Geosystem's Pegasus permettent de scanner l'environnement à près de 80 km/h. Pour la rénovation de bâtiments existants, des mires laser 3D permettent de faire l'acquisition de plusieurs millions de points en quelques instants, même s'il faut retraiter des scories d'acquisition (comme un rideau qui cacherait une colonne, par exemple). Et on ne peut pas ne pas citer la technologie Tango de Google qui permet de modéliser un environnement en 3D grâce à la captation d'images en temps réel depuis un périphérique mobile. Concrètement, cet outil permet de situer automatiquement l'environnement autour de lui en fournissant des données plus rapides et plus précises.

L'utilisation des drones avec des outils photographiques très haute définition devrait également générer des gains de productivité importants. Pendant la phrase pré-travaux, ils permettent une cartographie plus fine. Pendant les travaux, ils constituent la solution optimale pour le contrôle de l'avancement du projet, notamment quand les constructions sont verticales et difficilement accessibles. Cette solution était initialement réservée aux professionnels mais les particuliers pourraient bénéficier de la baisse du coût des drones pour suivre leurs propres chantiers. À San Francisco, la start-up Skycatch permet à ses clients de piloter des drones depuis une application : le drone va sur place tout seul et prend des photos pertinentes du chantier. Les photos sont ensuite disponibles sur le site de Skycatch. Enfin, les drones seront utilisés pour certifier conformes les bâtiments à la fin des chantiers, notamment les clos couverts et les performances énergétiques. Là encore, le temps gagné sera précieux et permettra de diminuer la durée totale d'une opération immobilière. Lancée en 2013, la start-up Identified Technologies utilise des drones autonomes pour réaliser de telles prises de vues et vient de lever 1,5 million de dollars pour financer sa croissance de 20 % par mois. Depuis 2014, Bouygues Énergie Services propose des prestations de relevés de données par drones. Pour la filiale Colas, les drones permettent de suivre les mises à jour de carrières à la demande de l'administration qui exige des relevés tous les six mois. Le drone peut saisir en moyenne 800 points au mètre carré contre 1 point tous les deux ou trois mètres pour un géomètre topographe avec un laser. Lors de l'édition 2017 du salon VivaTech, la start-up H3 Dynamics a attiré l'attention du président Emmanuel Macron. Ce concepteur de drones intelligents s'est allié au promoteur singapourien GTC pour développer un drone capable de détecter des fissures dans les façades des immeubles. Enfin, apparaissent des bases de données ou des outils de cartographie qui collectent l'ensemble des données et permettent aussi d'éviter de refaire des analyses en doublon par plusieurs acheteurs potentiels.

La révolution du Building Information Modeling

La construction consiste souvent en l'activité parallèle ou successive de différents corps de métier avec des coûts de coordination élevés et la multiplication du risque d'erreurs du fait de la non-adéquation entre les structures et les réseaux notamment. Plusieurs études[1] ont évalué entre 25 et 50 % le gaspillage lié à la coordination des tâches,

1. National Institute of Standards and Technology (SITC) ou Tulacz and Armistead (2007).

le déplacement, l'installation des outils et matériels et la vérification de la progression du chantier. Ce n'est pas pour rien que l'expression «C'est le chantier» signifie que c'est le désordre.

Les outils numériques, par leur capacité à agréger la donnée, à l'analyser rapidement et à la retranscrire sous une forme compréhensible par tous sont une source de gains de productivité immenses. En outre, l'amélioration de la couverture Internet, y compris sur les sites les plus éloignés, a contribué à aider à la diffusion de ces technologies. Le secteur de la construction recrute aussi de nouvelles générations de travailleurs habitués aux outils numériques dans leur vie quotidienne, qui ne comprennent pas que ces outils ne soient pas disponibles dans leur vie professionnelle.

Les technologies numériques de visualisation haute qualité ont permis l'élaboration de maquettes 3D qui comprennent les caractéristiques géométriques de la construction et des renseignements sur la nature de tous les objets utilisés (composition, propriétés physiques, mécaniques, comportement, etc.). Ces informations sont au format IFC (« *Industry Foundation Classes* »), ce qui permet d'assurer l'interopérabilité entre les différents logiciels. Ces maquettes constituent une première étape avant d'assurer la coordination des interventions dans le cadre d'un processus de production intégré modélisé en 3D. Ces outils sont rassemblés sous l'appellation de Building Information

Modeling ou « BIM ». Le BIM devrait permettre d'améliorer la qualité et la précision des dossiers d'étude lors de la conception et d'anticiper les problèmes à résoudre. Elle permet de saisir une représentation 3D du chantier, plus facile à appréhender pour l'opérateur humain. En effet, la maquette 3D peut ensuite être couplée avec des casques de réalité virtuelle, Oculus Rift, Samsung Gear VR ou HTC Vive, permettant aux opérateurs ou aux usagers finaux de s'immerger dans le bâtiment.

Il existe en réalité plusieurs niveaux d'usage du BIM, le stade ultime se caractérisant par un processus collaboratif dans lequel la maquette initialement conçue par l'architecte est utilisée par chacun des corps de métier de la construction pour obtenir les informations nécessaires et en retour est amendée en temps réel en fonction de sa propre réalisation. Le BIM oblige à anticiper et donc à aller vers les méthodes industrielles avec un contrôle du temps accordé à chaque tâche, les méthodes dites *taktées*. Concrètement, sur l'opération de construction de la Tour D2 à la Défense, Vinci a pu organiser les chantiers de gros œuvre, charpente acier et façade en cycles de quinze jours correspondant à la réalisation de trois étages, avec des durées de tâches précises à la minute.

Les effets sont conséquents : certaines entreprises sont parvenues à des réductions des coûts de construction jusqu'à 40 % sur des centres commerciaux grâce à des productions zéro défaut permettant d'éviter le travail supplémentaire. À la fin, la maquette est le double virtuel de l'immeuble, parfaitement identique, et devient un allié précieux dans la maintenance du bâtiment, voire sa réhabilitation ou déconstruction. Cette maquette pourrait même s'insérer dans le cadre d'un quartier où l'environnement et les constructions adjacentes auraient été modélisés. La modélisation BIM est aujourd'hui diffusée dans les grands groupes du bâtiment et des travaux publics (BTP), les bureaux d'études et cabinets d'architectes qui remplacent progressivement leurs outils 3D, notamment pour les plus gros projets qui imposent systématiquement la mise en place d'une maquette numérique dès la conception de l'ouvrage.

La pression pour l'adoption de ces projets va croissante. Conscients du potentiel d'innovation associé à l'utilisation de cette méthode de travail, les pouvoirs publics multiplient les initiatives pour accélérer sa diffusion. Dans ses directives liées à la passation des marchés publics, le Parlement européen a demandé d'intégrer les processus numériques comme le BIM pour améliorer l'efficacité des échanges dans les phases d'appels d'offres et de concours. Certains gouvernements ont déjà structuré des plans nationaux de promotion de ces outils. Ainsi, dès 2011, le Royaume-Uni a publié un rapport stratégique sur le secteur de la construction afin de générer au moins 20 % d'économies et a rendu obligatoire l'échange basique de données numériques à compter de janvier 2016 pour tout marché public supérieur à cinq millions de livres. En Finlande, aux États-Unis et en Norvège, les organismes publics en charge du patrimoine de l'État ont généralisé le BIM depuis respectivement 2007, 2007 et 2010. À Singapour, les objectifs de constructions publiques utilisant le BIM étaient de 100 % dès 2016. Surtout un fond a été mis en place pour aider les acteurs dans l'évolution de leurs méthodes de travail en prenant en charge les coûts de formation, d'équipements, de logiciels.

La vision idéalisée du BIM ne sera pas réaliste avant plusieurs années, quand la pratique aura permis de répondre aux blocages opérationnels. Ceux-ci proviennent d'abord de la fragmentation des opérateurs qui n'ont pas d'incitation pour introduire le BIM dans leurs processus de production habituels et pour supporter les coûts d'investissement et de formation, même si la pratique de ces outils a tendance à convaincre les différents métiers de la construction, dits corps d'état, qui ont enfin un planning clair et précis. Néanmoins, les impacts d'un retard ou d'une mauvaise réalisation sont décuplés sur toute la chaîne des opérations ensuite. Il faut donc créer un système de récompense suffisamment fort car les sanctions financières en cas de malfaçons ne peuvent être proportionnelles à l'ampleur des dégâts, étant donné les ressources limitées des protagonistes. La multiplicité des acteurs entraîne des questions sur la propriété des données de la maquette finale, la responsabilité juridique des différents intervenants, l'alignement des intérêts des parties prenantes. Certains acteurs peuvent aussi être hostiles au BIM en raison de la contrainte qu'il fait peser sur la création en limitant les gestes architecturaux notamment. Les modes de rémunération ne sont pas encore optimaux ; ainsi, les architectes sont encore parfois payés sur le montant total du projet et n'ont donc pas intérêt à le minimiser.

Si les principaux distributeurs de solutions BIM sont Autodesk et Graphisoft, de nombreuses entreprises innovantes opèrent sur le segment des logiciels à destination des plus petites entreprises du secteur en capitalisation sur des solutions moins onéreuses et plus accessibles, souvent en 2D. Parmi ces outils qui permettent à leurs utilisateurs de stocker, suivre les plans de construction et séquencer le plan de travail, on peut ainsi citer les Américains PlanGrid, FieldLens, Fieldwire, qui ont respectivement levé 58, 13 et 8 millions de dollars. FinalCad est le challenger français dans ce domaine, en permettant de transformer des plans 2D en plans 3D, qui sont ensuite utilisables par les ouvriers sur le chantier pour, par exemple, noter les défauts lors de la réception des travaux. La société a déjà levé 20 millions d'euros et compte une centaine d'employés. Dans une tout autre dimension, en décembre 2015, Caterpillar a signé un partenariat très ambitieux avec la start-up Uptake valorisée 2 milliards de dollars afin d'exploiter la masse de données que le géant des équipements collecte sur les chantiers. Il est certain qu'énormément reste à faire pour aboutir à des solutions logicielles encore plus performantes pour agréger les données récupérées par les équipements, les acteurs humains, les confronter aux souhaits du promoteur et en tirer un plan de travail actualisé et partagé. De tels logiciels pourraient être reliés aux systèmes d'approvisionnement en matériaux afin de gérer également la logistique et les achats. Aujourd'hui, ces solutions Saas (*software as a service*) s'adressant aux petites et moyennes entreprises sont encore trop rares en Europe.

L'industrialisation de la production

L'industrialisation de la production doit permettre de répondre à la multiplicité des intervenants, leur hétérogénéité et le désalignement des intérêts. Elle suppose d'augmenter le nombre d'opérations réalisées en usine en amont, en capitalisant sur la division du travail, la spécialisation des tâches et une production en série. L'exemple le plus connu est celui des *mini-houses* – moins de 46 m² – débuté en 1997 par Sarah Susanka et qui a beaucoup progressé ces dernières années. Hormis ces cas atypiques, la construction reste peu standardisée tant le design des bâtiments est influencé par les cultures locales. Mais industrialisation ne signifie pas forcément standardisation à outrance. Une entreprise comme le constructeur naval STX produit par exemple des ouvrages de grande taille et relativement différents avec un très haut niveau d'industrialisation.

Dans le bâtiment, l'industrialisation s'appuie sur la révolution des matériaux, la maquette numérique et la robotisation des usines. Des entreprises innovantes proposent des matériaux secs prédessinés qui permettent de réaliser des gains conséquents de productivité. Smart Cast, créée début 2015, vise à industrialiser la construction des planchers en béton pour les immeubles d'habitations collectifs et les maisons individuelles. La plaque de coffrage perdue en fibrociment ne se décoffre pas, sert de revêtement de finition et de gabarit de pose avec les réseaux déjà prédessinés. Cela assure un gain de temps de l'ordre de 10 %. Woodeum, le promoteur fondé par Guillaume Poitrinal et Philippe Zivkovic en 2013, utilise le Bois Massif Cross Laminated Timber, voiles de bois massifs assemblés à plis croisés qui forment des murs porteurs ou des planchers avec un rapport poids/puissance exceptionnel, permettant la construction d'immeubles jusqu'à 30 mètres de haut, et d'excellentes performances mécaniques, thermiques et acoustiques. Ces panneaux, préfabriqués et prédécoupés en usine, livrés par ordre de pose, permettent un séquencement des tâches et un suivi du travail dans un logiciel centralisé. Les chantiers étant organisés en filière sèche, ils sont environ deux fois plus rapides avec cinq fois moins de rotations de camions malgré un surcoût de production. Parfaitement adaptée aux zones urbaines denses, cette technologie fait passer le bâtiment d'une usine avec son lot d'externalités négatives à un simple chantier de montage. Pour la Cité des Civilisations du Vin à Bordeaux, Vinci a utilisé le BIM comme un processus allant de l'image architecturale initiale à la production en usine des éléments de bois manufacturés pour le projet. La vraie révolution que le BIM va apporter est la transparence des coûts. Les constructeurs ne pourront plus se contenter de ratios et de marges autorisant le gaspillage mais devront s'approcher de la quantité exactement nécessaire. La compétitivité sera renforcée d'autant. Désormais, la standardisation touche les immeubles et permet de produire des modules entiers, ce qui permet d'immenses gains de productivité. Un installateur d'air conditionné chinois, Broad Group, a créé une filiale pour produire des immeubles de manière industrielle. L'entreprise a bâti un immeuble de 6 étages en un jour pour l'Exposition de Shanghai, l'Ark Hotel de 15 étages en une semaine, la T30 Tower de 30 étages en quinze jours et la Sky Tower de 57 étages en dix-neuf jours. 90 % de la structure est produite en usine, notamment les plafonds, planchers et fenêtres, la plomberie, l'électricité, la ventilation, et seulement le reste est construit sur site. Cette production ne générerait que 1 % de déchets contre 30 % pour la construction sur site. Il en irait de même pour les coûts de transport et de logistique, car une usine peut stocker des éléments qui devraient être livrés quotidiennement sur site. La production modulaire, autrement dit de modules similaires et réplicables en grande quantité, se développe. Elle avait initialement été une réponse à des situations d'urgence, mais trouve aujourd'hui d'autres fonctions. Architects For Society (AFS) a ainsi dessiné la Hex House, faite de tubes d'acier et de panneaux de métal isolés qui peut être montés par les usagers finaux. IKEA a également dessiné The Better Shelter Housing Unit, une habitation à bas coûts qui peut être montée en 6 heures par 4 personnes, et démontée en cas de besoin avec une résistance de trois ans. Aux États-Unis, la production modulaire devient à la mode, y compris chez les plus gros constructeurs de maisons comme une réponse à la pénurie de main-d'œuvre. Elle intéresse même les plus grands groupes technologiques. Google a annoncé un partenariat avec Factory OS en juin 2016 pour la construction de maisons modulaires dans la Silicon Valley. Il s'agit de loger de manière temporaire ses salariés qui ont des difficultés à trouver des logements abordables dans la zone où les prix immobiliers sont tellement élevés qu'ils refrènent l'arrivée de certains talents. La commande porte sur 300 maisons modulaires pour un prix estimé entre 25 et 30 millions de dollars. Ten Fold Engineering, une start-up britannique, a fait le buzz sur Internet avec ses bâtiments modulaires et transportables qui se déploient en moins de dix minutes. Le bâtiment de démonstration mesure environ 65 m^2 et coûte moins de 130 000 dollars. Les maisons modulaires sont entièrement construites dans une usine et assemblées sur place, réduisant le coût de la construction de 20 à 50 %. La production modulaire connaît néanmoins une limite avec la complexité des déplacements de modules lorsqu'ils sont en 3D, déjà montés et très volumineux. L'industrialisation des méthodes ne fait plus de la taille des équipes une limite. Il s'agit d'adapter les équipes aux besoins exacts du chantier et non plus l'avancement du chantier à ce que peut réaliser un prestataire. Cela implique des variations de la taille des équipes et donc des prestataires d'une taille suffisante pour faire varier la main-d'œuvre disponible. Deux voies pourraient être empruntées : un rapport équivalent à celui d'un constructeur automobile avec ses équipementiers ou une intégration totale des métiers chez le constructeur. Dans le premier cas, il s'agit alors de s'entendre avec les prestataires pour comptabiliser les transferts de valeur ajoutée. Par exemple, pour des plaques de coffrage avec des pieuvres électriques pré-installées, l'électricien sur site ne fait plus que les vérifications. Sa rémunération doit logiquement être ajustée, sinon c'est lui qui gagne la valeur ajoutée. Plus anecdotique mais tout de même important, la plus grande variation de la taille des équipes sur un site exige d'avoir des réfectoires et sanitaires de chantier adaptés à cette amplitude d'effectifs.

L'automatisation de la production sur site

L'industrialisation de la production en amont ne répondra pas à tous les besoins de construction. De nouvelles solutions d'automatisation émergent donc pour réaliser des gains de productivité directement sur les chantiers. Depuis quelques années, l'impression tridimensionnelle, plus communément appelée impression 3D, est à la mode. Ce mode de fabrication additive a d'abord été utilisé comme moyen de prototypage rapide par certaines industries manipulant des pièces spécifiques comme l'aéronautique ou la médecine, mais il se démocratise toujours plus et permet la conception d'objets toujours plus divers, toujours plus rapidement, dans des matériaux toujours plus variés. La fabrication additive a récemment fait son entrée dans le secteur du bâtiment en se conjuguant avec les outils de robotique.

Cette entrée s'est d'abord faite sur la production à très bas coûts. L'entreprise italienne WASP pour *World's Advanced Saving Project* a mis au point l'imprimante 3D BigDelta de 12 mètres de haut. L'objectif est de produire des maisons en utilisant des ressources locales, notamment de l'argile, et en consommant très peu d'énergie. Aujourd'hui, la technique se généralise. L'impression 3D des bâtiments est une évidence tant les économies de main-d'œuvre et de temps sont considérables. En plus de diminuer le coût de revient du bien immobilier, l'impression 3D se veut plus écologique. L'acheminement d'équipements et de matériaux vers les chantiers est en effet optimisé avec cette nouvelle technologie. La Chine fait figure de pionnière en la matière. Yingchuang Building Technique, producteur chinois de structures en fibres de verre, a créé une activité dédiée à la construction additive WinSun. Après avoir bâti le premier mur en 3D dès 2008, WinSun a réussi le pari en 2014 d'imprimer 10 maisons de 200 m² en 24 heures et avec une seule imprimante 3D géante de 30 mètres de long et 10 de large. En 2015, ils ont renouvelé l'exploit en imprimant en 3D un immeuble de quatre étages. La question qui reste en suspens est celle des matériaux utilisés par l'imprimante. Initialement, il s'agissait d'un mélange de ciment et de déchets de construction faits de béton, de sable et de verre, ce qui avait permis d'aboutir à un coût très bas de 4 300 euros par bâtisse, mais la fiabilité d'une telle construction avait fait débat. Depuis, les doutes ont été progressivement levés à tel point que l'entreprise chinoise HuaShang Tenda, leader du marché, affirme que les bâtiments qu'elle imprime en 3D peuvent résister à des séismes de magnitude 8. L'entreprise vient tout juste d'imprimer une maison de deux étages de 400 m² en moins de 45 jours à Pékin en utilisant 20 tonnes de béton C30, particulièrement solide.

La France est aussi à la pointe de l'innovation dans ce domaine. La start-up XtreeE a mis au point une tête d'impression spécifique pour le béton placée sur un bras robotisé ABB. La technologie a permis d'imprimer un bâtiment d'environ 20 m² en une vingtaine d'heures avec 700 couches d'un ciment expérimental développé par LafargeHolcim. Le contrôle du robot est réalisé à travers la plate-forme 3Dexperience de Dassault Systèmes afin de sélectionner les structures optimales pour l'édifice et n'utiliser que la quantité de matière nécessaire. La start-up franco-israélienne Tridom essaye de développer une plateforme robotique, aujourd'hui basée sur un bras robotisé de Kuka, en y intégrant de très importants développements logiciels pour piloter le robot malgré les conditions extérieures. D'autres entreprises émergent aux États-Unis avec Contour Crafting, en Slovénie avec BetAbram ou en France avec Machine-3D. Les grands groupes de BTP comme Vicat y ont aussi recours en utilisant du béton. D'autres matériaux peuvent être utilisés comme le bioplastique recyclable, qui a servi à la façade du bâtiment Europe Building construit pour la présidence hollandaise de l'Union européenne en 2016.

L'autre grande nouveauté à côté de l'impression 3D est l'automatisation des machines. La société australienne Fastbrick Robotics Limited a ainsi créé un robot capable de poser 1 000 briques par heure à un rythme quatre fois supérieur à celui d'un opérateur humain. À l'aide d'un bras robotique guidé par des mires laser et piloté par un logiciel 3D CAD, la machine est alimentée par des briques qui sont déposées sur un tapis roulant puis enduites d'adhésif avant d'être apposées les unes contre les autres. Les Japonais sont très impliqués dans l'automatisation des machines, notamment pour faire face aux besoins de construction en vue des Jeux Olympiques de 2020 alors que la main-d'œuvre est peu abondante. Komatsu, le deuxième plus grand groupe japonais de construction, a lancé une initiative baptisée Smart Construction visant à automatiser des bulldozers téléguidés par des drones qui fournissent en temps réel des données sur le terrain. Pour ce faire, Komatsu utilise les drones de Skycatch, compagnie dans laquelle le groupe a investi 25 millions de dollars. Kawada, un autre groupe de construction, est très connu pour son robot HRP-4 qui peut transporter du matériel, installer des panneaux de Placoplâtre, assembler des tubes d'acier et même conduire des chariots élévateurs.

La construction est sans doute l'un des segments du secteur de l'immobilier dans lequel le plus de gains de productivité sont à venir. Les investissements sont considérables mais pourraient bien changer la façon de bâtir. Plus de capital pourrait aussi signifier moins de travail. Vu l'importance du secteur de la construction dans l'emploi dans les pays développés comme dans les pays émergents, le sujet viendra forcément sur le devant de la scène.

3

Se réapproprier la gestion des biens

Une fois qu'un bien immobilier a été financé puis construit, son propriétaire doit en assurer la gestion. Il peut déléguer cette tâche à un intermédiaire mais les problématiques sont toujours les mêmes : vendre ou garder ? occuper ou louer ? réparer ou prévenir ? Le propriétaire particulier d'un logement comme les grands fonds de gestion arbitrent sans cesse entre ces différentes alternatives. La propriété implique des événements non-récurrents (achat, réparation, etc.) alors que l'occupation, traitée au chapitre suivant, implique des consommations courantes.

Avant tout, il faut voir que dans un grand nombre de secteurs de l'économie, la préférence pour l'usage (*usership*) se substitue progressivement à la préférence pour la propriété (*ownership*). L'essayiste américain Jeremy Rifkin a été l'un des premiers à théoriser ce basculement dans son ouvrage *L'Âge de l'accès*[1]. On convoque souvent les sciences humaines les plus nobles pour expliquer ce changement de paradigme. Tel philosophe verra dans l'économie collaborative une réaction à l'individualisme triomphant quand tel sociologue nous invitera à considérer le rapport au temps différent des nouvelles générations. Ces raisonnements sont justes mais ils doivent être complétés par une analyse plus économique. En effet, la préférence pour l'usage est aussi la conséquence d'une complexification des services accessoires associés à la propriété d'un bien et donc d'une augmentation des coûts en temps et en argent pour les sélectionner et en surveiller la réalisation. Ainsi, pour la mobilité personnelle, la propriété d'une voiture implique désormais la prise en charge d'un entretien toujours plus compliqué avec la généralisation de l'électronique – loin du temps où le profane pouvait réparer sa voiture lui-même –, des consommations intermédiaires, des exigences de mise aux normes environnementales et des assurances. Le consommateur préfère de plus en plus une offre complète et personnalisée plutôt que la composition d'un panier de services, avec les gains de temps et d'argent associés. Certes, ces offres packagées touchent pour l'instant prioritairement les consommateurs les plus aisés mais elles se diffusent peu à peu. C'est ainsi que nous sommes passés de la propriété de la voiture à la consommation

1. Jeremy Rifkin, *L'Âge de l'accès*, La Découverte, 2000.

de solutions de mobilité exprimées en kilomètres plus ou moins coûteux en fonction de l'émission de gaz carbonique. Lorsqu'un produit devient un bouquet de services, il est plus facilement échangeable, c'est la *commoditization*. On observe ainsi que le nombre de primo-acquéreurs aux États-Unis est très inférieur à sa moyenne de long terme (34 % en 2016 contre 40 % sur les trois dernières décennies), les nouvelles classes d'âge n'ayant pas forcément l'envie ou les ressources nécessaires pour devenir propriétaire.

Il faut aussi reconnaître qu'être propriétaire apporte son lot d'embarras. Aujourd'hui encore, le propriétaire immobilier est vu comme un client captif par un grand nombre de producteurs de services auxquels il est contraint de faire appel. Des agents immobiliers aux gestionnaires locatifs en passant par les syndics de copropriété et les artisans du bâtiment, nombre de professions souffrent d'une mauvaise presse auprès des propriétaires. Les pouvoirs publics essayent de limiter les abus mais certains des acteurs en place contournent facilement les nouvelles réglementations, s'en exonérant ou intégrant le risque judiciaire dans leurs calculs de gain. Pire, la plupart des dispositifs mis en place entraînent des distorsions de concurrence avec des effets de plus en plus forts. Face à cela, les technologies numériques permettent aux propriétaires, particuliers comme professionnels, de se réapproprier la gestion de leurs biens dans l'achat-vente, la gestion locative et la maintenance, une meilleure gestion par les propriétaires signifiant aussi un meilleur accès pour les locataires.

Des transactions plus transparentes

Les biens immobiliers ne se sont jamais échangés aussi fréquemment qu'en ce début de siècle. Au cours des années 2000, la durée de détention des logements anciens en Ile-de-France s'est réduite de 2 ans. Elle est passée pour les appartements de 8,5 années en 1999 à 6,5 années en 2008, et pour les maisons de 10 ans à 8 ans. Depuis, la machine s'est enrayée, en France comme dans le reste du monde et la durée moyenne de détention des logements anciens stagne, voire augmente. Cette augmentation de la détention est subie et va à l'encontre des dynamiques sociodémographiques. En Australie, un bien immobilier était détenu en moyenne pendant 5 ans en 2005 contre 8 ans en 2014. La faute à la crise, mais également à l'archaïsme qui caractérise encore aujourd'hui une transaction immobilière. Depuis la création des portails de recherche en ligne à la fin des années 1990, peu d'innovations ont marqué ce segment. Étant donné que l'acquisition ou la location d'un bien immobilier reste épisodique – l'INSEE estime que les Français déménagent en moyenne 4,6 fois dans leur vie – les consommateurs sont en recherche de réassurance. Ils se réfèrent donc plus facilement à des marques connues, d'où l'avantage des anciens journaux devenus sites Internet ou des réseaux physiques avec leurs vitrines comme outil publicitaire. Cette faible récurrence de l'acte d'achat ou de location explique aussi pourquoi les clients sont prêts à tolérer une qualité de service parfois faible. La transmission d'un bien à ses enfants, qui est une forme de transaction sans contrepartie, n'a pas non plus fait l'objet de nouvelles pratiques. Dans le même temps, la mobilité géographique des individus décline, ce qui a pour effet d'empêcher la bonne fluidité du marché du travail et de maintenir un niveau de chômage élevé. Permettre une meilleure circulation des biens immobiliers est donc une priorité absolue et passera par une utilisation plus intensive des technologies existantes.

Une transaction immobilière est caractérisée par trois asymétries d'information principales :

- Quels sont les biens à vendre ?
- Quelle est la qualité de ces biens ?
- Quelle en est la valeur de marché ?

La première révolution numérique qui a touché le secteur s'est traduite par la mise en ligne d'une information que l'on trouvait alors dans les journaux. Seloger.com, créé en 1996, a remplacé les traditionnelles annonces de la presse locale. En France, le site Particulier à Particulier (Pap.fr) accueille chaque mois plus de 2 millions de visiteurs uniques quand Leboncoin.fr recense 1,6 million d'annonces. Mais il existe aussi Superimmo.com, AvendreAlouer.fr, Ouestfrance-immo.com, Logic-immo.com, Acheter-louer.fr, Immonot.com, Explorimmo.com qui sont autant de leaders locaux. Cette multiplication des sources d'information laisse peu de doute sur une éventuelle concentration du secteur. Aux États-Unis, une telle concentration a déjà commencé avec l'acquisition de Trulia par Zillow en 2014 pour 3,5 milliards de dollars. Le nouvel ensemble s'appuie sur plus de 80 millions de visiteurs uniques par mois. Ce qui vaut pour les logements vaut aussi pour les bureaux ou locaux commerciaux. La première asymétrie d'information n'est plus : chacun a maintenant accès aux biens disponibles sur le marché résidentiel comme sur le marché commercial.

Cependant, des zones d'ombre subsistent quant à la qualité du bien immobilier qui est à vendre. Jusqu'à aujourd'hui, un acheteur ignore presque tout du bien qu'il convoite, de la qualité des installations techniques à l'ensoleillement tout au long de l'année, en passant par le niveau de pollution atteint dans le quartier. Les différents diagnostics exigés par la réglementation lors de la transaction sont une base intéressante mais sont loin d'être parfaits. Les nombreuses inconnues restantes nuisent au bon fonctionnement du marché. Heureusement, de nouveaux acteurs tentent d'y remédier. Demain, chaque bâtiment pourrait avoir un véritable carnet de santé numérique permettant de connaître en un clic l'historique des travaux et les performances énergétiques. La start-up nantaise Izigloo propose déjà à ses clients de numériser les caractéristiques de leur maison (type de construction, matériaux, chauffage, toiture, isolation, etc.). Le document numérique ainsi créé pourra être transmis aux futurs acquéreurs de la maison, apportant une transparence bienvenue. Autre innovation : il sera possible de connaître l'ensoleillement d'un bien immobilier tout au long d'une journée ou d'une année. Grâce à l'application Solen, chacun peut déjà mesurer la luminosité naturelle d'un bien à partir de quelques photos prises aux fenêtres. Un certificat indépendant est généré et permet de vérifier l'ensoleillement du bien pièce par pièce, à n'importe quel moment de l'année. L'algorithme de Solen prend notamment en compte l'orientation du bien, la surface vitrée, la distance et la hauteur des vis-à-vis. CapiFrance propose de réduire l'asymétrie d'information entre le vendeur et l'acheteur qui n'a souvent que quelques dizaines de minutes avant de s'engager sur plusieurs années. Le réseau de mandataires indépendants propose aux propriétaires de mettre leur bien à disposition des acquéreurs potentiels pendant une certaine période de temps afin de les rassurer dans leur décision d'achat. La meilleure connaissance d'un bien passe également par une analyse fiable de son environnement direct. La start-up française Plume Labs s'inscrit dans cette démarche en permettant à ses utilisateurs de mesurer la pollution d'un quartier à partir de leur smartphone.

Il convient enfin de mettre un prix en face de toutes ces caractéristiques désormais connues. L'entreprise CoStar est leader sur le créneau de la Big Data dans l'immobilier commercial. Les données de 4,5 millions de locaux commerciaux (bureaux, commerces, logistiques, etc.) sont compilées puis revendues aux professionnels qui souhaitent mieux comprendre leur marché. Présente dans le monde entier, CoStar a réalisé 1 milliard de dollars de chiffre d'affaires en 2016 en s'appuyant notamment sur Apartments.com, une société spécialisée dans les data du secteur résidentiel – qu'elle avait rachetée en 2014 pour 500 millions de dollars. Dans l'immobilier résidentiel, des start-up proposent même des approches dynamiques. Tel est le cas de HouseCanary, pépite californienne qui prédit la valeur d'un appartement pour les trois ans à venir en croisant des millions de données socio-économiques. En comparant les prévisions avec les prix de transactions effectivement constatés, les algorithmes auto-apprenants s'améliorent chaque jour. L'ambition de Jeremy Sicklick, dirigeant de HouseCanary, est claire : « Nous voulons être au marché immobilier ce que Bloomberg est aux services financiers : un outil transparent et précis qui génère de la confiance dans les transactions immobilières. » Or la confiance peut être considérée dans le marché des biens immobiliers comme le troisième facteur de production après le travail et le capital, tant elle joue un rôle crucial.

Des intermédiaires plus attentifs au client

Dans ce nouveau paradigme, le rôle des intermédiaires classiques (agents immobiliers, brokers, notaires, etc.) va considérablement évoluer. Dans le premier scénario, le plus optimiste, ces intermédiaires s'approprient les nouveaux outils numériques et assurent leur survie. Le chemin sera long et périlleux car ces métiers sont encore souvent caractérisés par un manque de transparence. Selon la Direction générale de la concurrence, de la consommation et de la répression des fraudes (DGCCRF), qui a contrôlé plus de 1 000 agences immobilières en 2016 en France, plus de la moitié (55 %) présentaient une ou plusieurs anomalies, la plus souvent citée étant l'absence d'information sur les honoraires. Par ailleurs, les honoraires de transaction restent élevés, 5 % en moyenne en France et 6 % aux États-Unis et au Canada. Pour ces acteurs, le salut passera par l'amélioration de la qualité et de la productivité avec de nouveaux outils ; cela nécessitera un fort accompagnement au changement pour convaincre les salariés. La start-up MyNotary souhaite par exemple aider les notaires à augmenter leur productivité. Créée en 2016, cette plateforme permet aux notaires de se concentrer sur le conseil à valeur ajoutée en les soulageant de tâches administratives chronophages. Concrètement, la constitution du dossier est accélérée car elle se fait selon une logique collaborative entre les multiples intervenants que sont vendeur, acquéreur, géomètre, diagnostiqueur, syndic, banquier, assureur, etc. Chacun peut facilement se connecter à la plateforme et apporter les documents demandés. De plus, un compromis de vente est généré automatiquement en fonction des informations contenues dans les documents, le notaire restant libre de faire les modifications qu'il souhaite. Ce compromis peut ensuite être signé directement en ligne par les parties prenantes. Ces gains de productivité auront des conséquences économiques importantes lorsque l'on sait que les notaires français réalisent chaque année environ 7 milliards d'euros de chiffre d'affaires, dont la moitié est liée à des transactions immobilières.

De leur côté, les agents immobiliers devront revoir le contenu des annonces. Les acheteurs, notamment les plus jeunes d'entre eux, ne se contentent plus de simples photos et privilégient désormais les visites virtuelles en 3D. La start-up française 360vues s'est spécialisée sur ce créneau en vendant directement ses services aux agents immobiliers. Ceux-ci s'équipent d'une caméra 3D, dont les prix ne cessent de baisser – ils avoisinent aujourd'hui 250 euros – et se chargent de la captation. 360vues s'occupe ensuite de la modélisation et renvoie à l'agent immobilier un produit fini utilisable dans la phase de commercialisation. Ce n'est pas un hasard si la start-up Meero, experte de la photographie dans l'immobilier, a levé plus de 4 millions d'euros en juin 2017 auprès de Xavier Niel, Bernard

Arnault et d'autres investisseurs prestigieux. Les professionnels pourront alors partager photos et vidéos des biens à vendre directement sur les réseaux sociaux. Le promoteur BNP Paribas Real Estate a créé un pod permettant des visites d'immeubles en réalité virtuelle à distance. Le nouveau service «Call To Action» mis en place par Facebook devrait aussi changer la donne. En effet, un acheteur potentiel se voit désormais proposer des dates de visites à l'instant même où il visualise la photo du bien, tout en restant sur la même page Internet. En diminuant le nombre de clics, les agences vont être en mesure de capter plus facilement les *millennials*. Parallèlement, les agents devront davantage anticiper les besoins de leurs clients et ne plus seulement agir en réaction à une demande. Pour cela, ils pourront judicieusement faire appel à la société américaine Smartzip qui fournit une solution d'aide à la gestion des comptes clients (CRM). L'application permet d'identifier les 20 % des personnes les plus susceptibles de déménager dans un quartier donné. Cette prédiction est faite par un algorithme et repose sur de multiples données: évolution des prix de marché, durée moyenne d'occupation d'un logement, profil du foyer, etc. Ils pourront également mieux se référencer sur des plateformes à fort trafic. Fondée en 2004, Real Matters est une plateforme biface qui agrège plus de 100 000 experts du secteur immobilier. Les clients particuliers et les entreprises peuvent y trouver des agents immobiliers, des brokers en financement ou encore des courtiers en assurance habitation. Par exemple, trois des cinq plus grandes banques canadiennes offrent des prêts hypothécaires à travers la plateforme. Les prestataires de services sont notés par les clients après chaque prestation. Mis en concurrence, ceux-ci sont moins gourmands et plus transparents sur leur méthode de facturation. Le client se voit proposer le bon prestataire au bon prix sans avoir besoin d'effectuer de longues recherches. Ce gain en temps a un effet positif sur la fluidité du marché immobilier. Real Matters a été introduit à la Bourse de Toronto en mai 2017 afin d'accélérer son développement. Son objectif est de lever environ 95 millions de dollars. Real Matters avait déjà levé plus de 100 millions de dollars en 2016, atteignant une valorisation historique de 650 millions de dollars. De telles levées de fonds se justifient par la grande taille du marché de l'expertise immobilière, qui est estimé à plus de 3 milliards d'euros au Canada. Real Matters bénéficie déjà d'une part de marché de 16 % dans ce pays. Selon Jason Smith, fondateur et PDG de l'entreprise, les perspectives de croissance sont excellentes : sa société vise une croissance annuelle de 25 % pour les cinq prochaines années et une amélioration de 12 % de la marge opérationnelle. En parallèle, les agents immobiliers seront davantage mis en concurrence. La start-up française Yanport propose aux vendeurs de confier un mandat de vente simple à trois agents différents. Ainsi, durant toute la période de vente, chaque agent immobilier peut suivre l'activité des deux autres qui essayent de vendre le même bien, notamment au niveau du prix affiché. Cette transparence de l'information permet à chacun des agents d'ajuster quotidiennement sa stratégie. Les intermédiaires peuvent eux-mêmes créer leurs propres outils comme avec l'initiative Bienici, portail de publicité des offres de vente alimenté par les différents réseaux d'agents immobiliers et financé par la profession. Le site est moins coûteux que les portails en termes de commission et offre des fonctionnalités nouvelles comme des cartes 3D en temps réel permettant la localisation des commerces et des services à proximité et compilant des données telles que le montant de la taxe d'habitation ou encore l'âge de la population. Ces nouveaux outils permettront aux intermédiaires de continuer à résister comme ils le font aujourd'hui. En effet, la part de la vente de particulier à particulier stagne depuis une quinzaine d'années en France. Si beaucoup de Français tentent, au moins dans un premier temps, de vendre leur bien par eux-mêmes, 68 % des transactions sont finalement conclues à l'aide d'un agent immobilier[1]. Plus globalement, les professionnels de la transaction survivront s'ils considèrent les vendeurs et les acheteurs comme des clients et non plus comme des usagers. À ce titre, la stratégie de vente du promoteur montpelliérain Roxim peut inspirer d'autres acteurs. Depuis mars 2017, les ventes en VEFA disposent d'une clause « satisfait ou remboursé ». Il y a de multiples conditions à remplir pour être effectivement remboursé mais

1. Étude réalisée pour Meilleursagents.com en 2012.

cette technique de commercialisation illustre bien le changement de perspective.

Un autre scénario, nettement plus pessimiste pour les intermédiaires traditionnels, doit aussi être évoqué. Si la vente de particulier à particulier stagne, de nouveaux intermédiaires pourraient purement et simplement les remplacer. La société américaine OpenDoor est en première ligne pour prendre la place des agents traditionnels. Au lieu de trouver un acheteur pour votre bien, OpenDoor le rachète directement et se charge ensuite de la revente. Le vendeur transfert donc à l'intermédiaire les deux risques inhérents à une transaction : le montant de la vente et la durée de la vente qui est en moyenne de 103 jours aux États-Unis[1]. Après une nouvelle levée de fonds en novembre 2016, la jeune pousse est valorisée 1,1 milliard de dollars. Sa cousine française, Homeloop, s'est lancée avec un modèle similaire de rachat immédiat alors que Nested au Royaume-Uni fonctionne en émettant une garantie de vente sous 45 jours et sinon s'engage à racheter le bien. D'autres start-up aident les particuliers à organiser la vente aux enchères de leur appartement ou maison. Autrefois réservé aux biens d'exception, ce type de vente se démocratise grâce à des entreprises comme Imoxo, fondée en 2015 en France et leader dans ce

1. Ryan LAWLER, « OpenDoor gets another $20 million to simplify the process of selling your home », Techcrunch.com, 26 février 2015.

domaine. Pour les intermédiaires traditionnels, la blockchain est également une menace sérieuse. Cette nouvelle technologie permet le stockage décentralisé d'informations avec un très haut niveau de transparence et de sécurité. Autre spécificité : le recours à un intermédiaire tiers de confiance n'est plus nécessaire avec la blockchain. Surnommée « *the trust machine* » par *The Economist*, cette technologie s'apparente ainsi à un grand registre comptable infalsifiable et consultable par tous. Or, dans le secteur immobilier, les tiers de confiance humains sont omniprésents. Tel est le cas des agents immobiliers qui jouent ce rôle entre l'acheteur et le vendeur. En 2016, la plateforme immobilière Ubiquity8 a réalisé le premier transfert de titre de propriété *via* une technologie blockchain. Ce transfert immobilier a été effectué par Marina Reznik, chef du département immobilier chez Atlantic Sotheby's International Reality. Parallèlement, la blockchain rend possible un système de multisignatures qui permet à toutes les parties de travailler à distance sans perdre en fiabilité. En plus de sécuriser les transactions, la blockchain peut également être utilisée comme cadastre. Plusieurs pays ont déjà fait ce choix comme le Ghana, où la start-up Bitland enregistre les titres de propriétés sur la blockchain. Jusqu'alors, seules 10 % des terres rurales étaient classées dans un document officiel. Pour les autres, l'absence d'adresse pose encore d'énormes problèmes de logistique. D'autres pays comme la Géorgie réfléchissent à des solutions blockchain pour renforcer leur cadastre.

Avoir recours à un registre incorruptible permet d'éviter les conflits fonciers, notamment dans les pays où l'État de droit est fragile.

La transmission des biens immobiliers entre parents et enfants pourrait aussi vivre sa mutation. Le vieillissement de la population couplé à la baisse des pensions de retraite incite les personnes âgées à trouver d'autres sources de revenus. De plus, ces dernières souhaitent rester le plus longtemps possible chez elles. Dans ce contexte, tout laisse à penser que le viager va prendre de l'ampleur. En témoigne le succès de la start-up américaine Reverse Mortgage Funding qui a totalement repensé l'expérience utilisateur en apportant plus de transparence et de suivi à un type de contrat qui reste parfois délicat à envisager. La start-up créée en 2013 a levé plus de 200 millions de dollars en 2014 et compte aujourd'hui plus de 400 salariés. Le démembrement de propriété constitue également une réponse pertinente aux problématiques des personnes âgées. La société Montivia a lancé en octobre 2016 un nouveau produit permettant à l'investisseur d'acquérir la nue-propriété, environ 60 % de la valeur vénale du bien, tandis que le vendeur garde l'usufruit pour une période définie à l'avance, qui peut aller jusqu'à 20 ans. Si le vendeur vit au-delà de cette période et souhaite rester dans les lieux, Montivia, qui s'est récemment alliée à Allianz, verse une rente à l'investisseur jusqu'au décès de la personne. La modélisation par les assureurs des espérances de vie permet en effet des estimations très précises des sommes à verser. Cette initiative peut aider à sortir du schéma traditionnel de l'héritage par la transmission d'un bien immobilier, qui fait moins sens aujourd'hui dans des pays développés. En effet, l'allongement de l'espérance de vie rend la transmission tardive par rapport au propre cycle de vie des enfants, ceux-ci héritant à 50 ou 60 ans d'une résidence que leurs parents ont occupée de manière sous-optimale pendant des années et dont eux-mêmes n'ont plus l'utilité.

Une gestion locative facilitée

En France comme dans de nombreux pays, le statut de propriétaire-occupant est encouragé dans l'immobilier résidentiel. En 1976, Valéry Giscard d'Estaing confiait à son gouvernement la mission de « donner la préférence à l'accession à la propriété » tandis que Nicolas Sarkozy souhaitait « une France de propriétaires » en 2007. Pour atteindre cet objectif, les dispositifs fiscaux d'aide à l'accession se sont multipliés. Le prêt d'accession à la propriété (PAP) a été créé en 1977 avant d'être remplacé en 1995 par le prêt à taux zéro (PTZ). À cela s'ajoutent le prêt d'accession sociale, l'APL-accession et le prêt social de location-accession. Ces politiques volontaristes semblent atteindre leurs limites pour au moins trois raisons. Premièrement, elles ont un coût important pour les finances publiques. Chaque année, la France dépense plusieurs milliards d'euros pour encourager les citoyens à devenir propriétaires. Deuxièmement, elles sont responsables d'une partie de la hausse des prix dans les zones tendues. En effet, un prêt à taux zéro augmente mécaniquement la pouvoir d'achat des acheteurs et, l'offre étant rigide, cela entraîne une hausse des prix. Troisièmement, le statut de propriétaire-occupant n'est pas forcément la panacée pour les jeunes générations. La part des Français propriétaires de leur logement stagne depuis plusieurs années après une augmentation continue depuis la Seconde Guerre mondiale. La hausse à venir des taux d'intérêt ne devrait pas améliorer la situation.

La gestion locative a donc de beaux jours devant elle. Cette gestion est difficile car les intérêts du bailleur et du locataire sont rarement alignés. D'une part, le locataire souhaite être agile là où le bailleur préfère la stabilité. La durée des baux est donc un premier point d'achoppement. D'autre part, le propriétaire aborde les problématiques d'entretien sur le long terme alors que le preneur a un horizon précis qui est la fin de son bail. Dans le résidentiel, des solutions sont apportées par de nouveaux acteurs qui permettent aux particuliers de se passer des gestionnaires locatifs traditionnels souvent gourmands en honoraires. Comme pour les transactions, Seloger.com a été l'un des premiers à créer une plateforme de gestion locative. Cependant, les services n'ont guère évolué depuis son lancement et sa part de marché stagne. Parmi les nouveaux acteurs, de nombreuses plateformes bifaces offrent des services inédits. L'exemple de Pinpo est intéressant. Cette start-up veut être au logement ce que Meetic est au flirt, une plateforme qui provoque la bonne rencontre. En effet, il s'agit de mettre en relation un bailleur et un locataire en prenant en compte les préférences de chacune des parties. Cette mission est salutaire dans la mesure où ces préférences ne sont pas toujours révélées dans les annonces traditionnelles. Il n'est pas rare qu'un locataire candidate pour un appartement alors que son dossier n'a aucune chance d'être retenu. Le fait de candidater quand même occasionne un coût en temps et en argent qui nuit à la fluidité du marché locatif résidentiel. Le processus serait plus efficace si les critères de sélection étaient plus transparents. L'innovation majeure consiste donc à indiquer au candidat la probabilité que sa candidature soit retenue. Cette estimation est faite en comparant les attentes du bailleur et la qualité du dossier. Pour réaliser cette connexion, la solvabilité du preneur et de ses garants n'est pas le seul critère. La durée souhaitée du bail ou encore les centres d'intérêt des deux parties entrent également en ligne de compte. En effet, un bon payeur n'est pas forcément un bon locataire. D'autres services plus habituels sont également proposés aux bailleurs comme la prise de rendez-vous en ligne ou la numérisation des états des lieux. Cette révolution se fait aussi au bénéfice des locataires ou plutôt des futurs locataires qui bénéficient d'une amélioration de la qualité de service, évitant de dépenser leur temps dans des visites avortées, leurs données personnelles dans la constitution de dossiers en papier et leur argent en recourant à des services d'intermédiation parfois défaillants. Aujourd'hui, notamment dans les zones métropolitaines où la demande excède l'offre, les locataires sont souvent mal traités et souffrent d'une qualité de service relativement faible. En permettant la meilleure adéquation entre l'offre et la demande, ces outils amélioreront leur premier rapport à l'immobilier, étant dit qu'une majorité de ces actuels locataires deviendra aussi un jour propriétaire.

Il existe également de nouvelles plateformes uniquement destinées aux propriétaires bailleurs. Tel est le cas de la start-up Rentify aux États-Unis qui utilise les nouvelles technologies pour faciliter la mise en location d'un bien. Le big data permet par exemple d'accélérer et d'affiner le processus de valorisation et d'éviter l'affichage d'un loyer trop élevé qui n'attirerait pas le locataire ou d'un loyer trop bas qui engendrerait un manque à gagner. Les aspects juridiques sont aussi touchés par cette révolution. En France, Rentila permet par exemple de gérer ses biens immobiliers avec un logiciel gratuit en automatisant la création des quittances de loyer. Face à la multiplication des contraintes réglementaires qui régissent le marché de l'immobilier, comment s'assurer que son contrat de location respecte la loi ? La start-up LeBonBail se met au service des propriétaires bailleurs pour réduire cette incertitude qui nuit gravement à la fluidité du marché locatif en créant de la défiance entre les parties. Elle a mis au point un outil de génération de contrats qui respectent les dernières normes, notamment celles relatives à la loi ALUR votée en 2014. La start-up va plus loin que la simple génération automatique de contrat : la plateforme permet la signature électronique du contrat. L'ensemble de la procédure peut donc se faire en ligne de manière simplifiée, dynamique et rapide. Il est même possible de générer puis signer le contrat en une dizaine de minutes. Enfin, la mise à jour en continu du contrat est proposée. Les bailleurs qui ne résident pas à proximité du bien qu'il souhaite mettre en location se voient également offrir de nouvelles solutions. La location ne se résume pas aux habitations mais concerne aussi les parkings. Ce marché de la location des places de parking est très concurrentiel. Smartpark propose une application mobile qui gère les locations, les réservations, le paiement et une télécommande universelle connectée pour accéder aux parkings de copropriétés. Sur ce sujet comme sur celui des habitations, le problème peut venir de la copropriété : dans la location courte durée, de plus en plus de règlements de copropriété l'interdisent explicitement. Nonobstant ce risque, de nombreux services de conciergerie se sont lancés en surfant sur la vague de l'ubérisation, autrement dit une plateforme autour de laquelle gravitent des freelances. Ces entreprises spécialisées sur le segment de la location courte durée vivent en complémentarité avec Airbnb, Expedia ou Booking. Bnbsitter est la plateforme leader de mise en relation entre concierges indépendants et propriétaires bailleurs. Ce site Internet permet aux propriétaires de déléguer la gestion de leurs appartements avec un ensemble de prestations à la carte réalisées par des concierges, de l'accueil des voyageurs à l'état des lieux de départ en passant par le nettoyage du linge de maison. Ces derniers sont appelés les *sitters* et sont évalués après chaque prestation. Demain, ces indépendants réduiront les nombreux aléas moraux qui existent entre un locataire et un propriétaire. On peut imaginer un service de visites régulières qui consiste à vérifier que le logement est bien entretenu par le locataire et ainsi éviter les mauvaises surprises à la fin du bail. Après avoir accumulé suffisamment de données, ces plateformes pourraient également signaler aux propriétaires quel est le bon moment pour louer leur bien en fonction de la demande, ou quand ils peuvent faire un arbitrage en allant dormir à l'extérieur tout en louant plus cher leur logement. C'est ce rendement que cherche à vendre HostnFly, une autre start-up de la location courte durée à des particuliers. La location courte durée intéresse également les gérants d'actifs. Le fonds Vornado a ainsi créé la start-up WhyHotel chargée de louer pour de très courtes durées des appartements dans un immeuble nouvellement livré avant qu'ils ne soient attribués à des locataires traditionnels de longue durée. Les propriétaires sont de plus en plus tentés de chercher un rendement en laissant les intermédiaires se charger de la résolution des incidents de paiement. Les assurances locatives ont donc le vent en poupe mais les modes de gestion dépassés des administrateurs de biens avec des logiciels de gestions de clientèle (*Customer Relationship Management*) souvent datés empêchent une simple télétransmission aux assureurs comme Galian, ne permettant pas de réaliser de gains de productivité ni d'indemnisation plus rapide du propriétaire. Des offres logicielles modernes en SAAS ou en open source à destination des administrateurs de biens sont donc en train d'émerger afin d'assurer une meilleure interopérabilité avec les autres acteurs du secteur. Un processus de location entièrement automatisé se dessine alors. Après avoir signé un «*smart contract*» à travers la blockchain, le locataire sélectionné reçoit un code d'activation qui lui permettra d'ouvrir la serrure électronique de l'appartement qu'il souhaite occuper pour une période plus ou moins longue. Un constat numérique est mené et compare l'état de l'appartement avec la maquette numérique établie lors du départ du précédent locataire. Une fois l'occupant parti, un message automatique sera envoyé à une société de nettoyage afin que l'appartement soit prêt pour une autre location. Ce n'est pas un hasard si Airbnb a racheté ChangeCoin en 2016, une start-up spécialisée dans les micropaiements utilisant la technologie de réseau décentralisé à l'origine du bitcoin.

D'après le site américain Quartz, Airbnb se donne ainsi les moyens d'explorer les applications possibles de la blockchain à son secteur. Ceci vous rappelle quelque chose ? Oui, c'est la solution mise en place par le français Drivy pour la location de voiture sans que le propriétaire et le locataire ne se rencontrent.

L'ensemble de ces évolutions devrait entraîner une réappropriation de la gestion locative par les propriétaires. Ces contrats entre particuliers représentent aujourd'hui entre 40 % et 50 % des contrats de location, soit 700 000 par an. D'autre part, l'arbitrage entre occupation, location et vacance sera fait de façon beaucoup plus réactive par les propriétaires. En un clic, l'appartement sera libre à la location ou non. Cette agilité nouvelle aura des conséquences en termes de politiques publiques. En effet, chaque contrainte supplémentaire sur les propriétaires entraîne un recul de l'offre.

La gestion locative dans l'immobilier commercial est également en mutation. Il faut dire que la révolution culturelle distinguant propriété et occupation est déjà ancienne dans ce segment du marché. Il fut un temps où les entreprises étaient fières de posséder les murs de leurs bureaux ou de leurs usines, tout comme les opérateurs hôteliers. À partir des années 1990, cette préférence pour la propriété s'est progressivement affaiblie du côté des entreprises. En 2001, France Telecom vend ses murs à un consortium financier américain mais y demeure en tant que locataire. EDF et Thalès suivent la même voie. Les États-Unis avaient été les premiers à prendre ce tournant. Dès la fin des années 1990, deux tiers des immeubles de bureaux aux États-Unis étaient occupés par des locataires et non par des propriétaires. Ce désinvestissement immobilier est tel qu'en 2004, un quart des sociétés du CAC 40 ne comptaient ni direction immobilière, ni responsable de l'immobilier au niveau de la holding. Un tiers d'entre elles ne connaissaient même pas la surface de leur patrimoine immobilier[1].

Il existe dorénavant, comme pour le résidentiel, des plateformes bifaces où se rencontrent des bailleurs et des propriétaires. C'est le cas de StoreFront, start-up londonienne qui met en relation des propriétaires d'espaces commerciaux et les preneurs potentiels. Dans le même temps, de nouveaux outils sont mis à disposition des grands propriétaires d'espaces commerciaux afin de les aider à gérer leur portefeuille. La Rolls Royce du secteur est incontestablement VTS, une société américaine qui a levé plus de 100 millions de dollars depuis sa création en 2011. Grâce à cet outil, les propriétaires peuvent suivre en temps réel les performances de leur portefeuille locatif: coordonnées des occupants, liste des baux, statistiques sur les taux de vacance, etc. La communication entre le bailleur et les occupants se fait également

1. Observatoire du Management Immobilier, Essec, 2005.

directement depuis la plateforme. VTS utilise aussi du *big data* pour conseiller les bailleurs sur les arbitrages au sein de leur portefeuille. Par exemple, il peut être conseillé au propriétaire de se désengager d'une ville où la tendance est négative afin de réinvestir dans une région plus porteuse. Enfin, des documents marketing sont générés automatiquement à chaque fois qu'un bien se retrouve vacant et qu'il faut donc le relouer. VTS a fusionné en novembre 2016 avec Hightower, autre fournisseur de solutions pour les gestionnaires de portefeuille d'immobilier commercial. Le nouvel ensemble est valorisé à 300 millions de dollars et conservera le nom VTS. Il fournira des outils de gestion aux propriétaires de plus de 5,5 milliards de mètres carrés d'espace commercial aux États-Unis et au Royaume-Uni. Ces outils seront d'autant plus efficaces qu'ils bénéficieront de l'effet taille consécutif à la fusion. Plus de données permettent d'affiner les prévisions de la plateforme. Enfin, les avancées de l'analyse sémantique vont avoir un impact majeur sur la gestion locative. La start-up allemande Leverton s'est spécialisée dans l'extraction des données contenues dans un bail : début, fin, montant du loyer, conditions de prorogation, etc. Ce travail, aujourd'hui fait à la main, est fastidieux et allonge la durée des audits, ce qui ralentit *in fine* l'exécution d'une transaction. L'équivalent français de Leverton est SoftLaw ; mais la première a déjà levé plus de 5 millions d'euros alors que la seconde vient de se lancer.

Comme dans le résidentiel, ces innovations remettent en cause de nombreuses habitudes du secteur. La préférence pour un mono-preneur, un unique locataire dans l'immeuble, n'est plus de mise. En effet, le coût de gestion d'un preneur supplémentaire tend vers zéro grâce aux nouveaux outils numériques. Or, un immeuble de bureaux avec plusieurs locataires est un actif moins risqué. Le prix de l'actif est donc une fonction croissante du nombre de locataires qui l'occupent. Les innovations entraînent également une réappropriation de la gestion du bien par son propriétaire. Le nombre d'intermédiaires diminue et des logiques d'intégration sont à l'œuvre. L'exemple de l'hôtellerie est frappant. Depuis 2005, les grandes chaînes hôtelières commencent à se lancer dans une politique d'externalisation, en vendant leurs murs pour concentrer leurs moyens financiers sur la gestion et la promotion de leur marque. La tendance est en train de s'inverser : les propriétaires des murs ne veulent plus être à la merci d'un hôtelier qui déciderait de déménager et ils n'hésitent plus à se lancer dans l'exploitation. Pour simplifier, on peut considérer que le métier d'opérateur hôtelier repose sur deux compétences : l'acquisition client et la gestion opérationnelle de l'activité. Depuis l'émergence de places de marché gigantesques comme Booking.com ou Hotels.com, les opérateurs hôteliers traditionnels n'ont plus la maîtrise de la commercialisation de leur offre. Pour devenir hôtelier, le propriétaire doit apprendre à assembler des équipes de nettoyage et restauration en surplus de la gestion traditionnelle de l'immeuble. La stratégie de Foncière des Régions, avec ses 19 milliards d'actifs sous gestion, s'inscrit pleinement dans cette nouvelle tendance. Traditionnellement cantonnée à son rôle de propriétaire, la foncière privilégie depuis 2014 une formule conjuguée murs et fonds de commerce. Le groupe rachète ainsi des hôtels et en assure l'exploitation.

Une maintenance qui devient prédictive

Acheter, vendre, louer et enfin entretenir, telles sont les missions d'un propriétaire immobilier. Ces missions ne sont pas quotidiennes mais chaque décision peut avoir des conséquences majeures. La rentabilité d'un actif immobilier est parfois résumée à un flux – les loyers – et rapportée à un stock – le capital investi pour acquérir le bien. Cette équation suppose que la valeur d'un actif immobilier serait fixe dans le temps. Or, l'immobilier est un bien comme les autres, dont la valeur tend à diminuer avec le temps en raison de l'usure, avec un prix plancher lié au foncier. Contenir l'usure d'un actif a donc un impact direct sur sa rentabilité, d'autant plus que les réglementations exigeant une mise à niveau des logements se multiplient. Cet objectif passe par une maintenance et un entretien plus efficaces en tirant profit de la connaissance historique du bâtiment. Or, le secteur de la maintenance immobilière est longtemps resté imperméable à l'innovation. L'institut RICS, organisme professionnel qui cherche à standardiser les normes de ce secteur, souligne que le métier de Facility Management a toujours été considéré comme une profession secondaire[1]. En l'absence de gains de productivité et donc de capacité à réduire le coût complet, la pression sur les coûts s'est bien souvent traduite par une baisse du coût facial de construction et un report sur les charges courantes. Trop onéreuse, la maintenance a parfois été repoussée et l'on peut aboutir à des cas extrêmes comme ces copropriétés tellement dégradées qu'elles finissent par annuler la valeur même du lot possédé au sein d'entre elles. Aujourd'hui, les pratiques évoluent et l'innovation reprend sa juste place.

La maintenance corrective est l'élimination d'une avarie ou d'une altération dans le fonctionnement d'un élément technique du bâtiment. Et si on anticipait le vieillissement des bâtiments pour que les réparations coûtent moins cher aux entreprises et à la collectivité ? Morphosense, start-up cofondée par Alexandre Paleologue, Pierre-Damien Berger et Mikaël Carmona au sein du Laboratoire d'électronique et de technologie de l'information (LETI) du Commissariat à l'énergie

1. Rapport de l'institut RICS, 2017.

atomique et aux énergies alternatives (CEA), s'attache à résoudre ces problèmes. Elle installe des capteurs sur des superstructures (ponts, barrages, etc.) puis les met en réseau pour mesurer la déformation géométrique en 3D de la structure et la façon dont elle vibre et réaliser de la maintenance avant que les problèmes ne surviennent. Le réseau de capteurs communique *via* le *cloud*. Des données contextuelles comme la météo ou la température sont ajoutées. La précision est de 100 microns par mètre. La cartographie des appartements est aussi un enjeu clé. Une société commercialise désormais ces données. Il s'agit du fabricant d'aspirateurs automatiques Roomba qui délimitent l'espace pour s'y déplacer.

Cet objectif peut être atteint par sa réparation ou son remplacement. Les particuliers propriétaires sont souvent en première ligne dans le traitement de ces avaries. Malheureusement, l'asymétrie d'information entre un particulier et un artisan du dépannage avait incité ces derniers à pratiquer des prix prohibitifs. De nouvelles plateformes, Enjo, Hellocasa ou Bricool – avant que celle-ci ne soit absorbée par la première citée – apportent la transparence nécessaire sur le prix des prestations et rendent possible une évaluation des artisans. Les clients de ces plateformes n'ont qu'à envoyer une photo des travaux à affecter et ils reçoivent une offre à prix fixe dans les heures qui suivent. Leur équivalent pour les travaux de rénovation un peu plus importants, jusqu'à

300 000 euros, est TravauxLib. Cette entreprise soutenue par Xavier Niel va au-delà de son rôle d'intermédiaire et propose des conseils aux particuliers qui en auraient besoin. Pour le professionnel, TravauxLib est un outil de simplification de nature à engendrer des gains de productivité. La plateforme facilite les démarches habituelles du prestataire (que ce soit la visite avant travaux, le devis, la facturation, les paiements, les subventions et aides disponibles, les certificats administratifs) et le professionnel peut ainsi se concentrer sur l'essentiel. Tolteck est un logiciel à destination des artisans pour améliorer la gestion des devis et factures, gérer leur calendrier et leur portefeuille de clients. La plateforme a aussi pour vocation d'assurer l'approvisionnement en matériaux de construction et outils pour ces artisans. Dans les immeubles résidentiels, la maintenance corrective concerne parfois les installations communes et c'est donc au syndic de copropriété de la prendre en charger. Jusqu'à aujourd'hui, l'information circule mal entre les propriétaires, le syndic et les prestataires, alors même que le délai de réparation est souvent l'enjeu principal quand le chauffage collectif tombe en panne, quand une canalisation explose ou quand une vitre est cassée. Le numérique rend possibles des circuits plus courts entre le problème et sa résolution. La société Inch vend par exemple aux syndics traditionnels un outil sophistiqué de déclaration de sinistre par les occupants. Avec une photo du sinistre déclaré, le prestataire compétent

est automatiquement contacté et il peut intervenir dans les plus brefs délais. Chouettecopro met en relation les occupants d'un immeuble, le gestionnaire et les prestataires de services. Ces nouveaux procédés sont les bienvenus lorsqu'on sait que moins d'un copropriétaire sur deux est satisfait de son syndic.

Les gestionnaires d'actifs professionnels améliorent aussi leur maintenance curative. Cela passe d'abord par une meilleure identification des dysfonctionnements. On observe que les objets connectés remplacent progressivement l'humain dans le signalement. Par exemple, une valve équipée d'un capteur n'aura aucune difficulté à repérer une fuite d'eau sur une canalisation non visible par les occupants. Il en est de même pour un système de climatisation qui fonctionnerait au ralenti et dont seul le capteur pourrait déceler l'anomalie. Les drones seront aussi mis à profit pour détecter des problèmes techniques, notamment pour l'entretien de la façade et de la toiture. La société Dronotec, présente au MIPIM 2017, s'appuie sur des drones pour rendre l'inspection des bâtiments plus sûre, plus rapide et moins coûteuse. Une identification plus en amont réduit le coût de la réparation, à condition que l'intervention du technicien soit rapide. On retrouve sur ce créneau de l'intervention l'une des quelques licornes de la Real Estech : Sms Assist. Cette société américaine connecte les gestionnaires de biens avec les prestataires extérieurs dont ils ont besoin. Tout passe par le *cloud*, des photos prises par le réparateur (avant et après l'intervention) aux factures. Là encore, le système d'évaluation entraîne une sélection naturelle qui augmente le niveau moyen de prestation. Enfin, l'intervention sera d'autant plus efficace que la maquette numérique des bâtiments se sera imposée. Elle agira tel un carnet de santé dans les mains du docteur. Cette maquette aidera le réparateur à faire les bons choix en lui indiquant l'historique du bâtiment et les éventuelles réparations dont il a déjà été l'objet. Le BIM sera encore plus qu'utile lorsque plusieurs corps d'état réaliseront simultanément des travaux de maintenance. Une meilleure communication réduira le risque d'erreur. Pour cela, il faut mettre à jour régulièrement la maquette BIM et donc en partager l'accès. Si la maintenance consiste uniquement à changer la moquette et repeindre un logement tous les cinq ans, la maquette BIM devient vite un luxe superfétatoire.

D'autres innovations sont à prévoir à moyen terme. Le béton auto-régénérateur fera partie de cette nouvelle vague. Un béton intelligent, capable de combler ses fissures grâce à une bactérie qui produit du calcaire, a été mis au point par un microbiologiste néerlandais, Henk Jonkers. Aujourd'hui, le surcoût du béton auto-réparant est encore trop élevé pour être compensé par les économies réalisées sur la maintenance, mais tout laisse à penser que les choses vont évoluer. Autre révolution à anticiper dans le secteur de la maintenance : celle des imprimantes 3D. L'Atelier des Compagnons, une entreprise générale de bâtiment basée à Saint-Ouen, a beaucoup investi en R&D pour étudier l'impression 3D de pièces à changer, la limite restant pour l'instant, comme dans l'automobile, celle de l'assurance.

La maintenance prédictive, aussi appelée maintenance préventive ou analytique, est l'étape suivante. Grâce aux nombreuses données générées chaque jour par un bâtiment, il est possible de prédire d'où viendront les prochains dysfonctionnements. Cette prédiction aura au moins deux conséquences. D'une part, remplacer une installation avant qu'elle ne tombe en panne entraîne une réduction des coûts de maintenance. D'autre part, une analyse prédictive relativement fine permet de donner un coût *ex-ante* à l'entretien d'un bâtiment. Demain, les investisseurs seront en mesure de prévoir précisément le montant des dépenses de maintenance à anticiper pour les X années à venir. Les acteurs traditionnels comme ThyssenKrupp Elevator n'hésitent plus à s'allier avec Microsoft pour développer ensemble des logiciels de maintenance prédictive. Des start-up participent également à la révolution de l'ascenseur. C'est le cas d'Uptime, qui prédit déjà 80 % des pannes d'ascenseurs grâce à ses capteurs. Là encore, le BIM va jouer un grand rôle. Thierry Berthomieu, directeur chez Thalès rappelle que « le BIM construction n'est pas suffisant : l'exploitation, sur la durée de vie du bâtiment, représente 80 à 85 % des coûts. On ne peut pas s'en passer». En 2015, WeWork, le créateur d'espaces partagés, créé en 2010 et valorisé 16 milliards de dollars, a racheté Case, un cabinet de 60 consultants spécialisés dans le BIM afin d'avoir sa propre expertise interne en la matière. De son côté, Autodesk, le fabricant de logiciels BIM, s'est allié avec Nutonian, une société spécialisée dans le *machine learning*. Ensemble, ils seront en mesure d'aller encore plus loin dans l'analyse des données des objets connectés et de progresser sur la maintenance préventive. Aujourd'hui, il faut considérer le BIM comme une sorte d'Apple Store avec peu d'applications mais la maintenance prédictive s'appuiera demain sur des maquettes numériques mises à jour en temps réel. Aux entrepreneurs d'inventer les applications pertinentes.

4

Remettre l'usager au centre

L'occupation d'un bien immobilier – logement, bureau ou entrepôt – ou la fréquentation d'un centre commercial dépendent de leur attractivité, cette attractivité étant le rapport entre les prestations offertes et leur coût. Or les prestations attendues par les usagers ont considérablement varié ces dernières années. La vie des ménages et des entreprises a évolué. Les colocations désirées et non plus subies, tout comme les familles recomposées avec des enfants issus de relations différentes impliquent en outre des espaces plus modulables en fonction des départs et arrivées au sein de l'unité d'habitation. L'activité économique est plus heurtée et plus volatile. Les entreprises sont plus mobiles, soumises à une concurrence croissante avec des exigences d'adaptation plus fortes ; elles doivent pouvoir faire évoluer l'espace qu'elles occupent plus fréquemment et plus rapidement. Dans cette économie moderne, les travailleurs occupent un plus grand nombre d'emplois au cours de leur carrière et sont amenés à se déplacer plus souvent et donc à changer d'habitation. Ikea propose des produits à faible coût adaptés aux nouvelles multiples étapes de la vie des ménages. Leur succès démontre à quel point les cycles se sont accélérés.

Il est évident que le premier facteur d'attractivité est la localisation. La concurrence pour les meilleurs actifs n'a pas diminué, bien au contraire. Elle s'est accentuée. La concentration des talents nécessaires à l'activité de services à forte valeur ajoutée aboutit à l'attractivité croissante des zones métropolitaines les plus centrales. Enrico Moretti a parfaitement décrit ce phénomène dans son livre référence, *The New Geography of Jobs*[1]. Certains endroits ont toujours été plus prospères que d'autres mais ces différences ont augmenté rapidement au cours des trois dernières décennies, la croissance se concentrant dans une poignée de métropoles. Pour schématiser, trois raisons peuvent expliquer ces effets de concentration. Le premier est la profondeur du marché du travail. Si vous occupez un poste hautement spécialisé, vous souhaitez être sur un marché du travail où il y a beaucoup d'employeurs à la recherche de travailleurs et de nombreux travailleurs à la recherche

1. Enrico Moretti, *The New Geography of Jobs*, Mariner Books, 2013.

d'employeurs. C'est ensuite la même logique pour les prestataires de services intermédiaires. Par exemple, les entreprises basées dans la Silicon Valley trouveront ces services sous la forme d'avocats spécialisés dans la propriété intellectuelle, de laboratoires, d'incubateurs et de fonds d'investissement. Et parce qu'ils sont tellement spécialisés, ces prestataires sont particulièrement bons dans ce qu'ils font. Le troisième facteur est ce que les économistes appellent les retombées du capital humain : le fait que les gens apprennent de leurs collègues, des rencontres aléatoires dans un café, à l'école des enfants... Les personnes ont tendance à échanger des informations, que ce soient des offres d'emploi, des renseignements sur une technologie, une proposition de collaboration. Rares sont les fondateurs d'entreprises à très forte croissance dont la rencontre ait été virtuelle.

C'est ainsi que dans les métropoles, des actifs immobiliers de faible qualité peuvent malgré tout trouver preneurs du fait de leur position centrale. Pour autant, même dans ces environnements privilégiés, la forte rotation du parc d'actifs immobiliers implique de maintenir un haut niveau d'attractivité et donc une amélioration permanente. Même les propriétaires-occupants sont concernés car ils peuvent être amenés à changer de lieu plus souvent et ont donc intérêt à conserver un haut niveau d'attractivité de leurs locaux s'ils entendent les céder ou les louer par la suite. Un problème apparait lorsque les prestations offertes ne sont pas valorisées par l'occupant. L'intérêt du propriétaire et celui de l'occupant peuvent paraître opposés, le premier pouvant être tenté de réduire les prestations disponibles pour afficher un prix facial réduit et laisser l'occupant se charger des dépenses annexes.

Une amélioration permanente

La première demande des usagers est de disposer d'immeubles où vivre et travailler avec leurs outils et équipements. Or les immeubles ne sont pas permanents. Comme les avions ou les voitures, ce sont des produits complexes faits de composants divers ayant chacun des cycles de vie différents. Si la structure du bâtiment est faite pour durer un siècle, les réseaux périment au bout de 20 ans, l'aménagement intérieur au bout de 10 ans et les composants électroniques en moins de 5 ans, selon les professeurs Thomas Bock et Thomas Linner, auteurs de plusieurs ouvrages sur la robotique de la construction[1]. Alors que les usages évoluent – en témoigne notre demande sans cesse croissante de prises électriques – l'intégration des réseaux et des éléments électroniques dans les parties

1. Thomas Bock & Thomas Linner, *Robotic Industrialization: Automation and Robotic Technologies for Customized Component, Module, and Building Prefabrication*, Cambridge University Press, 2015.

permanentes du bâtiment rend la rénovation extrêmement coûteuse et génératrice de déchets, comme ces chambres d'hôtel avec des bases iPhone intégrées dans les murs alors que la connectivité a changé. D'après l'Agence publique américaine de l'environnement, la rénovation contribue à 40 % des déchets de construction, autant que la démolition elle-même.

Pour contourner ce problème, les start-up proposent des objets connectés indépendants mais une étude de Nascent Object de 2012 avait montré que 80 % des objets connectés pour le bâtiment utilisaient juste 28 composants électroniques de base, leur multiplication étant source de gaspillage, notamment du fait de l'absence de standards. Si la transmission par les réseaux électriques actuels grâce aux courants porteurs ou à la lumière (LiFi) est une réponse, elle n'est pas optimale. La solution est une nouvelle approche de la construction autour d'un immeuble divisé entre différents sous-composants, des structures durables au sein desquelles des modules pourraient être intégrés et enlevés après leur péremption, tout en étant réutilisés ailleurs. Ces modules concerneraient particulièrement les façades, les réseaux d'eau, d'électricité et de gaz, la salle de bains et la cuisine qui ont le plus d'éléments intégrés au bâtiment et permettraient d'aller au-delà de la réhabilitation la plus simple, à savoir refaire la peinture et changer les sols. La Commission européenne a financé un projet EASEE (*Envelope Approach to improve Sustainability and Energy Efficiency*) pour développer des modules de rénovation des bâtiments construits entre 1925 et 1975 sur les façades extérieures, les murs et les intérieurs. En France, Techniwood a mis au point une nouvelle génération de panneaux isolants en bois, particulièrement efficaces et bon marché. C'est ce schéma qui est choisi dans les équipements électroniques par exemple, avec une permanence de standards comme les ports USB ou les améliorations des systèmes d'exploitation permettant la coexistence de différentes générations de produits dont l'amélioration est progressive. C'est l'ambition de Tesla dans l'industrie automobile qui déploie les nouvelles versions de son logiciel de conduite de manière simultanée sur l'ensemble des voitures existantes. Cette voie est explorée depuis longtemps par les entreprises japonaises de bâtiments préfabriqués comme Sekisui House ou Toyota Housing qui regardent le bâtiment comme un service à améliorer en continu et proposent des solutions de mise à niveau progressive. Cette démarche commence à inspirer de nouvelles initiatives comme Open Building Institute qui met librement en ligne des modèles de composants permettant une reconfiguration des appartements ou des bureaux en conservant la structure du bâtiment.

La réhabilitation minimale devient de plus en plus courante, notamment lors de la cession d'appartements anciens. Pour accélérer la vente des logements qu'il acquiert, l'Américain OpenDoor mène parfois une réhabilitation légère des logements. Nous avons cité les différentes plateformes de mise en relation des propriétaires avec des prestataires tels que les plâtriers-peintres, plombiers, menuisiers, architectes. Leur champ d'action ne se limite pas qu'à la réparation. Une grande part de leur activité provient des travaux de réhabilitation des appartements. Ces plateformes améliorent la transparence et l'ajustement entre l'offre et la demande sur un marché des travaux d'aménagement et de rénovation évalué à plus de 40 milliards d'euros en France et où la qualité est souvent déficiente. Selon une enquête de l'AEDEME auprès de particuliers ayant fait réaliser des travaux d'amélioration énergétique de leurs logements, la moitié d'entre eux seulement en avait été satisfaits[1]. Aux États-Unis, ce marché de 400 milliards de dollars aiguise l'appétit de géants comme Amazon qui a lancé dès 2015 Amazon Home Services, se proposant d'aider les particuliers américains à trouver un artisan pour réaliser des travaux à domicile. Lors de l'achat de matériel sur le site de e-commerce, un bouton propose de trouver un prestataire pour l'installer. Pour faire partie de la liste, les professionnels sont dûment sélectionnés et doivent céder une partie de leur recette. La réalisation des travaux est aussi vérifiée par le site de vente

1. Observatoire Permanent de l'amélioration Energétique du logement, *Campagne 2015. Travaux achevés en 2014*, janvier 2016.

en ligne. Un autre géant, IAC, a fusionné en juin 2017 HomeAdvisor et Angie's List, deux plateformes de mise en relation entre prestataires de travaux et particuliers. La nouvelle plateforme verra 17 milliards de prestations réalisées chaque année par plus de 200 000 prestataires différents. IAC possède aussi les plateformes 123devis.com et Travaux.com en France, MyHammer en Allemagne, MyBuilder au Royaume-Uni, HomeStars au Canada, chacune occupant de larges positions sur leurs marchés respectifs.

Une consommation limitée

Parce que les besoins des occupants ont évolué, ils n'obéissent plus à une simple stratégie de minimisation des coûts de loyer mais étudient l'ensemble des charges associées à l'occupation d'un bien. Le temps où le propriétaire se moquait de la performance énergétique car il arrivait à repasser les coûts d'approvisionnement en énergie et en eau dans les charges locatives est terminé. Le temps où, dans les copropriétés, les consommables étaient mutualisés par immeuble est lui aussi révolu ; les demandes d'individualisation des consommations se multiplient. La réglementation a rendu obligatoires en 2007 les diagnostics de performance énergétique qui décrit le bâtiment ou le logement ainsi que les équipements de chauffage, de production d'eau chaude, de refroidissement et de ventilation. Lors de la construction, des référentiels de performance peuvent être demandés comme le britannique BRE Environmental Assessment Method (BREEAM), haute qualité environnementale (HQE) en France, Leadership in Energy and Environmental Design (LEED) en Amérique du Nord ou Green Star en Australie. Ils ont tendance à se généraliser puisqu'on comptait 1 552 opérations tertiaires en construction ou rénovation, certifiées ou en voie de l'être au 31 décembre 2015 contre 1 370 un an plus tôt. En termes de parts de marché, la certification française est dominante (82 %), devant la certification britannique (16 %) et la certification américaine (2 %).

Les experts estiment que la rénovation des bâtiments pourrait réduire la consommation d'énergie dépensée pour le chauffage, le refroidissement, la ventilation et l'eau chaude de 60 à 90 %. Actuellement, le taux annuel de rénovation dans l'Union européenne est de 1 % ; s'il augmentait à 3 %, la consommation pourrait être réduite des trois quarts d'ici 2050. Près de la moitié de la consommation d'un immeuble est consacrée au chauffage, à la ventilation et à l'air conditionné ; ce secteur a donc été un point central d'innovation. Outre les innovations sur les matériels – purification par ultraviolets ou réactions photochimiques – un grand nombre de start-up travaillent à améliorer la gestion énergétique des bâtiments existants. Deepki propose une solution qui transforme à l'aide d'algorithmes les données existantes en plans d'actions d'efficacité énergétique. Le travail consiste à collecter toutes les données existantes et à les croiser avec les données extérieures afin d'établir un profil énergétique du bâtiment. FirstFuel développe une technologie permettant, à l'aide de données massives, de calculer là où se trouvent les économies d'énergie. Aux États-Unis, une entreprise comme Kinetic Buildings, en utilisant des algorithmes auto-apprenants, peut déterminer les systèmes HVAC les moins performants dans un immeuble et promet des économies de l'ordre de 20 à 30 %. Livable Analytics, quant à elle, créée sur le campus de l'université de Berkeley, a construit une plateforme permettant aux gestionnaires d'immeubles de connaître la satisfaction de leurs occupants liée aux économies d'énergie. Ce qui se passe au niveau du bâtiment est aussi valable au niveau de l'appartement ou de la maison. Google a racheté pour 3,2 milliards de dollars en 2015 Nest, un fabricant d'objets connectés reconnu pour son thermostat. Ce thermostat apprend à partir des habitudes des usagers : il baisse le chauffage en l'absence des occupants et détecte le temps nécessaire pour chauffer ou rafraîchir l'habitation afin d'utiliser le minimum d'énergie. Les économies liées à l'éclairage des bâtiments sont plus connues, notamment du fait du remplacement des ampoules traditionnelles par les LED et OLEDS à plus faible consommation électrique. La généralisation du LiFi comme méthode de transmission des données, à des vitesses parfois supérieures à celles du Wifi, devrait continuer à pousser en faveur du renouvellement du parc d'ampoules. Enlighted, une entreprise américaine financée par le fonds d'investissement d'EDF Electranova, a mis au point des capteurs permettant de réduire jusqu'à 70 % la consommation d'électricité sans pour autant perdre en luminosité. Enfin, le dernier axe d'amélioration de l'efficacité énergétique est lié à l'isolation des bâtiments. Des entreprises essayent d'imaginer des solutions d'isolation intérieure et extérieure plus modernes en utilisant les matériaux à changement de phase, par exemple. Tom Lipinski, fondateur de Q-Bot, a essayé de répondre à la difficulté d'isolation des sols, qui est très coûteuse et a tendance à ne pas être efficace longtemps du fait des mouvements des sols ou du bâtiment. Il a mis au point un robot équipé d'un scanner 4D et d'un pistolet à mousse qui projette une couche d'isolant sous le sol flottant, réduisant la perte de chaleur de 85 %. L'entreprise a été créée à la suite du concours *Retrofit for the Future*, une initiative lancée par l'Agence britannique de l'innovation ayant pour ambition de mettre à niveau 100 maisons à travers le pays avec l'objectif de réduire de 80 % les émissions de CO_2. S'il est évident que la question de l'occupation des toits est un terrain encore plein de promesses, que ce soit pour de la production d'électricité mais aussi pour des activités de production agricole, il reste à s'interroger sur l'installation de panneaux solaires à la durabilité limitée et importés avec un bilan carbone très négatif. L'usage du seul indicateur mesuré avec fiabilité – les émissions de gaz à effets de serre – semble plus pertinent.

Le bâtiment comme un service pour une mobilité renforcée

Comme le propriétaire, l'occupant recherche désormais un bouquet de services qui lui évite de passer du temps à les assembler lui-même autour d'un bail, qu'il s'agisse des prestataires d'entretien, de nettoyage, de climatisation, d'accueil, de chauffage, de la gestion des normes de sécurités, de l'imposition, de l'assurance, du mobilier. C'est la première raison du succès des espaces de travail partagés dans lesquels les gestionnaires facturent une prestation unique qui intègre tous ces éléments. En concentrant et mutualisant les espaces de travail partagés, ces solutions permettent de réaliser des économies substantielles. La compagnie Regus, créée en 1989, est devenue le plus large fournisseur de solutions de bureaux flexibles avec 2 300 bureaux. Près de 6 000 bureaux partagés se répartissent sur le globe contre moins de 300 il y a une décennie. Ce schéma apparaît aussi de plus en plus dans le logement, où les bailleurs proposent de fournir le mobilier, que ce soit dans les résidences étudiantes ou même dans des résidences privées, comme le fait Fizzy Living à Londres en majorant les loyers de 8 % pendant trois ans. On observe là encore une dissociation entre la propriété et l'usage. Aujourd'hui, plus grand monde ne transmet son mobilier alors que c'était une pratique courante il y a encore une génération. Il n'est pas impossible que dans le secteur résidentiel, ces nouveaux services participent à rendre le statut de locataire toujours plus intéressant. D'autres plateformes permettent de montrer que ce statut n'est pas aussi contraignant qu'on peut parfois le penser. Ainsi, contrairement à une idée très répandue, la sous-location n'est pas une pratique interdite en France. En effet, il est bien précisé dans une loi datant de 1989 que sous-louer son bien est une possibilité pour le locataire à condition d'obtenir une autorisation écrite du propriétaire. Ce principe a été réaffirmé dans la loi ALUR votée en 2014 mais le loyer payé par le sous-locataire ne peut désormais plus être supérieur au loyer payé par le locataire. SmartRenting, qui fait partie des 100 start-up où investir en 2017 selon le magazine *Challenges*, s'est lancée sur le créneau de la sous-location pour faciliter les démarches du « locataire-bailleur ».

La mobilité des habitants des métropoles s'accroît chaque année. D'une part, les actifs multiplient les déplacements professionnels du fait de la mondialisation. D'autre part, la déflation des coûts de transport (aérien notamment) entraîne une augmentation des séjours à l'étranger, parfois pour des durées très courtes. Dans les deux cas, les logements des voyageurs restent donc vacants alors même que les loyers dans ces métropoles sont élevés. Le locataire peut chercher à sous-louer son bien pendant son absence, mais cela occasionne parfois quelques difficultés telles que la transmission des clés et l'éventuel état des lieux de sortie. En choisissant la solution de SmartRenting, le locataire ne s'occupe de rien car toute la gestion de la sous-location est prise en charge. Plus concrètement, cette start-up se charge de trouver les sous-locataires en postant des annonces sur Expédia, Booking ou Airbnb, de les accueillir sur place et de faire l'état des lieux de sortie. SmartRenting s'occupe également du ménage et propose une multitude de garanties et d'assurances tant au locataire qu'au propriétaire des lieux qui est souvent hostile à la sous-location. Autre point fort, la start-up garantit le loyer que recevra le locataire pendant son absence, ce qui lui permet de partir l'esprit libre. SmartRenting séduit beaucoup les étudiants, comme en témoignent les partenariats qu'elle a signés avec des Écoles de commerces comme l'ISC Paris. Le service est aujourd'hui disponible à Paris et Lyon, comptant plus de 200 locataires.

Du point de vue du locataire professionnel, notamment dans le cas de bureaux, la transformation du bail en contrat de service le rend plus flexible en l'exonérant des durées minimales à la charge du preneur. Il est ainsi possible d'imaginer quitter un lieu dans le mois. À l'inverse, il est possible de demander plus d'espace pour accueillir un surplus d'activité. C'est le gestionnaire du lieu qui porte la responsabilité de l'équilibre entre l'offre et la demande. Cette approche accroît considérablement la mobilité du locataire qui peut soit s'étendre sur un site, soit décider de déménager, ses gestionnaires possédant en général plusieurs bureaux au sein de la même ville et donnant même parfois accès à des sites dans d'autres villes, le tout en emportant uniquement ses archives papier, loin des déménagements volumineux avec tout son mobilier. Même les grandes entreprises commencent à recourir à ces solutions en surplus de leur propre parc immobilier, afin d'écrêter les pics de demande.

Un autre aspect en faveur de la mobilité est la modularité du bâtiment lui-même. Kasita, une start-up d'Austin, produit des espaces de vie standardisés qui peuvent être assemblés les uns avec les autres et même déplacés. À l'intérieur, des cloisons mobiles permettent de personnaliser et améliorer l'espace de vie. Google, conscient que les besoins de son organisation évolueront dans les prochaines années, compte produire son nouveau campus de North Bayshore à Mountain View avec des capacités modulaires, comme en témoignent les maquettes révélées par Heatherwick et Bjarke Ingels montrant des tentes de verre animées par des grues. En France, Sogeprom a entrepris de travailler la modularité de ses bureaux pour les rendre propices au développement de modes de travail innovants et plus collaboratifs. Mais la modularité est également requise pour les logements, afin de les adapter en fonction de l'évolution de la taille des familles. En 2015, la Caisse des dépôts et l'Union Sociale pour l'Habitat ont lancé l'appel à projets « Architecture de la transformation », sollicitant les équipes de maîtrise d'œuvre qui ont réfléchi pendant plusieurs mois à de nouvelles manières de faire du logement. Le groupe SNI a mis au point un prototype de plancher mixte bois et béton à grande portée qui permet de créer des espaces de 12 mètres de large, libres de tout poteau. En outre, l'ossature est constituée de poutres de bois massif dans l'épaisseur desquelles viennent se glisser les réseaux d'eau, d'air, d'énergie et de communication. Sans poteaux et avec des pièces d'eau et de cuisine qui peuvent être repositionnées à l'envi, le bâtiment est très modulable. Ces planchers seront mis en œuvre dans un bâtiment qui doit être réalisé en 2019 dans le quartier en devenir de Brazza, sur la rive droite de la Garonne à Bordeaux.

Le bâtiment comme une communauté

La constitution du bâtiment en communauté (*Building as a Community*) c'est la transformation de ce qui était autrefois vécu comme une contrainte en un avantage compétitif. D'abord, c'est l'accès à plus de services partagés. Des équipements ne peuvent être amortis, voire physiquement construits, s'ils ne sont pas mutualisés avec d'autres locataires (espaces de restauration collective, salle de sport, piscine, crèche…). Ce qui était plutôt réservé aux immeubles de bureau se diffuse aujourd'hui aux immeubles résidentiels. L'appartement se recentre sur les espaces privatifs de nuit et de bain alors qu'apparaissent des espaces destinés à des usages collectifs. C'est aussi dans cette évolution des usages que la colocation trouve une partie de son succès. Un Français sur trois se déclare intéressé par l'idée de vivre au sein d'un immeuble à services partagés bénéficiant d'un parking commun, d'un jardin partagé, d'une buanderie commune, d'une cuisine d'été sur le toit ou même d'un studio pour loger un proche. Cet intérêt traverse toutes les générations puisque 38 % des trentenaires, 27 % des quarantenaires et 30 % des personnes nées avant 1960 s'affirment intéressées. Pour autant, selon le réseau Guy Hoquet, ce type de copropriétés à services partagés ne représente que 12 % des habitats français. Des entreprises comme Live Colonies ou OneThird ont l'ambition de produire de tels immeubles avec des services partagés. La promesse de Live Colonies est d'offrir des studios entièrement meublés et équipés, où le ménage est fait, le linge et les produits ménagers fournis, ainsi que des espaces partagés comme un salon, une cuisine, un *rooftop*, une salle de sport, une laverie et un espace de coworking. En Chine, Mofang Gongyu a levé 300 millions de dollars en avril 2016 pour étendre son activité de location d'appartements dans des complexes offrant de nombreux services mutualisés à destination des jeunes professionnels urbains. Coming Space, basé à Nanjing, vient de réaliser une levée de 20 millions de dollars pour financer son développement à l'international, en visant le Royaume-Uni, le Japon et Singapour. L'entreprise HabX propose quant à elle de réinventer la promotion immobilière en capitalisant sur les souhaits partagés des habitants pour co-concevoir leur futur immeuble. La société s'est fait connaître en remportant Edison Lite, l'un des projets du concours Réinventer Paris.

Dans le cadre d'une copropriété – ce qui est différent du modèle précité – ce type d'immeubles à services partagés implique nécessairement une gestion fine des charges et des relations entre copropriétaires. Or là aussi la législation est contraignante : le plafonnement du montant des charges récupérables est trop limité et les règles pour obtenir des décisions de copropriété trop complexes.

La constitution d'une communauté d'entreprises travaillant dans le même espace offre aussi la chance de provoquer des rencontres. Une étude pilotée par Dylan Minor, professeur à la Kellogg School of Management et Jason Corsello, senior vice-president chez Cornerstone OnDemand, portant sur 2 000 travailleurs, a montré que la meilleure façon d'augmenter la productivité est de s'asseoir aux côtés d'un salarié avec une forte productivité. Remplacer un salarié à la productivité moyenne par un salarié deux fois plus productif aboutit à un effet de contagion auprès des travailleurs environnants augmentant leur productivité de 10 % environ. Dans un monde où l'innovation est sérendipitaire, des rencontres peuvent se faire spontanément entre des spécialistes de différentes disciplines, entre des salariés de différentes entreprises. C'est sur ce principe que capitalisent les nouvelles plateformes de location d'espace de travail comme WeWork, qui n'offre pas un espace de travail mais une hausse de productivité. Le groupe chinois URWork, soutenu par Alibaba, prospère sur ce segment en étant présent dans 17 villes en Chine et à Singapour. URWork a récemment annoncé sa fusion avec son rival sur le marché domestique New Space. Plusieurs entreprises tentent de répliquer ce succès comme NextDoor soutenu par Bouygues Immobilier ou l'initiative SmartDesk d'Icade. Dans un futur pas si lointain, les lieux gagnants seront ceux capables de drainer du public ; le rapport de force s'inversera ainsi entre les organisateurs d'événements et les détenteurs d'espaces. Peut-être même arrivera-t-il un moment où l'organisateur d'événements de qualité, permettant le brassage des idées ou l'animation d'un lieu de coworking, sera rémunéré par le gérant des lieux.

Dans le cadre du bâtiment résidentiel, la communauté permet par exemple le prêt d'objets à usage peu fréquent entre particuliers ou des événements dédiés. De nouvelles plateformes essayent d'enrichir cette communication entre copropriétaires et colocataires comme MonBuilding, alors que des bailleurs créent des pages Facebook pour animer leurs résidences. La notion de communauté permet également de se faire confiance pour assumer collectivement des missions d'entretien. Dans le cadre de l'appel à projets « Architecture de la transformation », Logeo Seine Estuaire, une entreprise sociale pour l'habitat, a demandé à ses futurs locataires quels efforts ils étaient prêts à consentir pour alléger leurs dépenses. Dans un bâtiment au Havre, ceux-ci se sont ainsi engagés à opérer les menues réparations, à entretenir les espaces verts et à nettoyer les parties communes, dont la rue intérieure qui séparera les appartements des espaces de la communauté. La baisse des charges amènerait chaque ménage à économiser environ 65 euros par mois.

Pour attirer toujours plus, le bâtiment devient une marque à part entière (*Building as a Brand).* On cherche à le doter d'un geste architectural fort, d'une empreinte graphique, on le nomme, on lui adjoint même les services d'une agence de presse. On multiplie les labels. La qualité de la connexion aux réseaux de communication a été étudiée. C'est la mission de WiredScore, une entreprise new-yorkaise qui travaille depuis 2013 à la certification des bâtiments en fonction de la qualité de leur connexion fibre et de la couverture des réseaux mobiles.

Aujourd'hui, plus de 350 millions de mètres carrés dans plus de 80 villes sont déjà certifiés. Soumis à l'émergence d'un concurrent gigantesque avec le e-commerce, les centres commerciaux offrent un exemple très précis d'actifs ayant dû améliorer leur attractivité. Aux États-Unis, où la surface commerciale par habitant a toujours été très supérieure au reste du monde (2,2 m^2 contre 1,5 m^2 au Canada et 1 m^2 en Australie, la situation est encore plus critique et de nombreux commerces sont en train de fermer. Tous les gestionnaires de centres commerciaux – Unibail-Rodamco, Altarea et Klépierre en France – se sont lancés dans une recherche de nouveaux services capables d'attirer les chalands. Certains centres tentent de s'adresser à des publics ciblés en choisissant des noms parfois équivoques, d'autres accentuent le caractère privilégié des membres en jouant sur la fidélité. Un véritable mouvement de rapprochement entre les activités commerciales et les activités de loisir a même donné le mot de *retailnment*, croisement de *retail* et *entertainment*. Dans le même temps, une fusion s'est opérée entre les espaces physiques et les sites de vente en ligne. La rencontre du physique et du digital a d'ailleurs accouché du nom de *phygital* et du concept de multicanal. Il ne reste plus aucune enseigne physique qui n'ait développé ou soutenu de circuit de vente par Internet. Et le mouvement inverse est en train d'émerger : les géants de l'Internet se dotent de lieux de distribution physiques. Amazon a ainsi installé des boutiques éphémères à son nom en Allemagne et a marqué le secteur en rachetant en juin 2017 le réseau existant de supermarchés de produits biologiques Whole Foods pour 13,7 milliards de dollars. Des acteurs plus locaux comme le distributeur de chaussures et de vêtements Spartoo opèrent aussi un tel mouvement en se dotant d'un réseau de distribution physique qui croît de 15 à 20 boutiques par an. Pour les acteurs existants, il s'agit de mieux connaître ses clients et donc de capter des données sur leurs habitudes d'achats, leurs profils sociaux, leurs souhaits. Des millions sont donc investis ; Simon Property Group ou Westfield ont ainsi bâti des incubateurs pour dénicher les pépites de demain. Mais parfois, les rendements attendus ne sont pas au rendez-vous. Macerich, l'un des plus gros gestionnaires de centres commerciaux aux États-Unis, a passé au premier trimestre 2017 une provision de 10 millions de dollars qui avaient été investis dans la start-up WithMe. L'objectif était d'aider les vendeurs européens à étendre leur présence outre-Atlantique à travers des magasins éphémères bardés d'écrans et de capteurs, mais le déploiement de leur solution s'est révélé bien plus compliqué que prévu. On peut également se remémorer l'échec du *beacon*, ces micro-émetteurs qui touchaient les téléphones équipés d'une application dédiée et qui devaient révolutionner l'expérience et donc l'immobilier commercial. Alors que les consommateurs sont de moins en moins enclins à télécharger des applications, cette invention pouvait difficilement survivre. Il en va de même pour de nombreuses solutions de cartographie ou GPS à l'intérieur des bâtiments qui ont entraîné des expérimentations coûteuses pour des résultats décevants. Ces échecs illustrent à quel point la construction d'un immeuble en un lieu de destination peut être difficile. Il ne suffit pas d'ajouter des briques technologiques mais bien de répondre aux besoins des consommateurs.

Pour qu'un lieu devienne emblématique, il ne doit pas vivre sur une fenêtre de temps réduite – le jour pour les bureaux et la nuit pour le résidentiel. L'immeuble devient donc un espace multi-usages mixant le logement avec des bureaux, des commerces inclus dès le début du programme mais aussi des équipements publics. C'est ainsi que le projet de reconversion de l'ancienne préfecture de Paris à Sully-Morland, porté par le promoteur Emerige et lauréat lors du concours Réinventer Paris, s'intitule Morland Mixité Capitale. Un titre qui reflète bien une composition plurielle rassemblant une auberge de jeunesse de 404 lits, un hôtel de 147 chambres, 200 logements, une piscine, une crèche ou encore un marché alimentaire... La réglementation et le contrôle encore trop stricts des destinations gagneraient à évoluer pour faciliter la transformation du bâti existant vers ces nouveaux bâtiments à usages multiples. Les nouveaux usages sont en train de modifier profondément la façon de concevoir des immeubles. Ce phénomène s'observe principalement en zone urbaine dense où les services naissants peuvent être financièrement supportables. Ce sont aussi dans ces zones que la valeur associée aux effets de réseau est la plus forte. Pour en accélérer la diffusion, plutôt que de gaspiller des ressources rares dans de coûteux travaux de mises à niveau, il reste à imaginer une réglementation en faveur de la construction neuve.

Conclusion

Ces réflexions autour de l'immobilier de demain ne sont pas purement prophétiques. Elles s'ancrent dans des exemples concrets, dans des entreprises qui défrichent, ouvrent des voies dans lesquelles les clients vont s'engouffrer. Le temps de l'immobilier est long par de nombreux aspects, mais il peut lui aussi obéir aux nouveaux mantras des plateformes, des rendements croissants et de l'hypercroissance. Les frileux ne peuvent espérer éviter la vague en se carapaçonnant, surtout lorsque l'actuelle période bénie de l'abondance financière prendra fin. La dynamique des entreprises les plus innovantes s'accélère. Elles ont de plus en plus les moyens de leurs ambitions. Ces start-up ont levé pas moins de 2,7 milliards de dollars en 2016 et devraient dépasser la barre des 3 milliards en 2017 quand les levées n'atteignaient que 220 millions de dollars cinq ans auparavant. Dans le même temps, le nombre d'opérations est passé de 72 à 277. Dans une étude récente, KPMG a estimé que les levées de fonds dans le secteur devraient atteindre 20 milliards de dollars en 2020.

Ces entreprises sont de plus en plus mises en lumière lors des grands événements de promotion de la technologie, VivaTech en France, CES à Las Vegas, Reed-Midem, l'organisateur du MIPIM y consacrant même un salon entier à New York. Aujourd'hui, dix entreprises opérant dans le secteur immobilier sont considérées comme des licornes, autrement dit des entreprises dont la valorisation théorique dépasserait le milliard de dollars. Elles se nomment WeWork, Compass, OpenDoor, URWork, Mofang, Katerra, FangDD, Iwjw, Home Link et Ten-X. Demain, elles seront encore plus nombreuses. Des fonds sectoriels ont fait leur apparition, permettant aux levées de fonds de progresser toujours plus, le dernier en date doté d'une trentaine de millions de dollars ayant vu le jour en Australie. Ces fonds financeront de nouvelles start-up créées par des professionnels ou des jeunes diplômés toujours plus nombreux à s'intéresser à ce secteur. L'Europe continentale est pour l'instant en retard dans ce mouvement. Si la France et l'Allemagne ont progressivement rattrapé une partie de ce retard dans le financement des entreprises à forte croissance, dans le secteur de la Real Estech, 60 % des levées de fonds se font aux États-Unis, 20 % en Asie, 9 % au Royaume-Uni, les grandes économies européennes se partageant les miettes restantes. Plus inquiétant encore pour les acteurs en place, au-delà des start-up, l'immobilier attire de plus en plus les géants de la technologie, les fameux GAFAM/BAT pour Google, Apple, Facebook,

Amazon, Microsoft, Baidu, Alibaba, Tencent. En 2014, Nicolas Colin[1] affirmait « qu'un jour, Google construira des maisons ». Il aura fallu moins de quatre ans pour que la firme de Moutain View lui donne raison. Il n'est pas nécessaire de rappeler qu'aucun de ces géants n'est européen.

Nous refusons le déclinisme. Il est encore temps de réagir. L'immobilier est depuis longtemps un actif de diversification pour les entrepreneurs de la Tech. Les frères Sawmer, fondateurs du célèbre incubateur Rocket Internet à Berlin, ont investi dans un fonds immobilier traditionnel à New York, Avente Capital. Il faut que les entrepreneurs de l'immobilier regardent eux aussi la Tech. Bonne nouvelle : avant que les start-up ne soient beaucoup plus financées et rentrent en confrontation avec les acteurs existants, il existe aujourd'hui un mode de collaboration possible entre grands groupes et start-up. En outre, l'âge moyen des créateurs de start-up est plus bas que dans d'autres secteurs, avec des expériences de l'immobilier souvent limitées et des produits destinés aux clients finaux. Les groupes établis peuvent compter sur leurs cadres expérimentés pour tenter de développer sous forme d'intrapreneuriat de nouvelles solutions avec des usages professionnels. Enfin, le coût d'entrée dans cette

1. Hugues BOULET, Interview de Nicolas COLIN, « Un jour, Google construira des maisons », *in Le bulletin européen du Moniteur*, 24 janvier 2014.

révolution n'est pas si conséquent. Celle-ci n'implique pas nécessairement l'adoption de technologies très pointues, mais d'abord de techniques de collecte et de partage de l'information au bénéfice du client. Ces outils ont été adoptés avec succès par d'autres secteurs comme la banque ou les opérateurs de télécommunications lorsqu'ils ont été contraints de remettre le client au centre.

Cette vague d'innovations ne pourra prendre forme qu'avec une régulation favorable. Accablé par son incapacité à générer des gains de productivité, le secteur immobilier est vu comme improductif par nature. Certains politiques et économistes n'hésitent plus à en faire une cible de choix, lui promettant l'enfer fiscal. Pourtant, au lieu du club de rentiers que d'aucuns fantasment, les entrepreneurs, les innovateurs, les défricheurs reviennent sur le devant de la scène dans le secteur immobilier. Cette deuxième révolution n'en est qu'à ses débuts et nécessite des investissements conséquents de toutes les parties prenantes. Une fiscalité inutilement agressive sur le produit final du marché aurait tôt fait d'étouffer dans l'œuf toutes les tentatives d'innovation, justifiant que l'État intervienne encore plus pour corriger des défaillances de marché que l'innovation pouvait combler.

Les pistes d'évolution que nous traçons dans ce livre ne sont valables que dans le cadre technologique actuel de la mobilité et de la communication. Concernant la communication, le présupposé fort de ce livre est que les gens veulent se rencontrer, se voir, se toucher, se sentir en réel. On ne compte plus les prophètes nous annonçant la fin des villes parce que les technologies de communication permettront à chacun (étant entendu que « chacun » signifie souvent les travailleurs des services à forte valeur ajoutée) de télétravailler et de vivre de manière décentralisée. On connaît le cas d'Automattic, l'entreprise éditrice de Wordpress, qui a fermé son siège de 1 400 m^2 en plein cœur de San Francisco où cohabitent Uber, Twitter et Airbnb. Seules cinq personnes sur la trentaine d'employés venaient au bureau quotidiennement, les autres préférant travailler à distance. L'entreprise se vante de recruter *via* Skype et d'offrir aux nouveaux embauchés une prime de 2 000 dollars pour aménager un bureau à domicile ainsi que 250 dollars par mois pour se rendre dans des espaces de coworking. Mais faire de ce cas atypique une généralité serait une erreur. En 2013, Marissa Mayer alors présidente de Yahoo avait limité le télétravail pour obliger les équipes à travailler côte à côte et stimuler la créativité. En février 2017, IBM a également décidé de limiter le télétravail, pourtant adopté par 40 % de ses salariés, afin d'améliorer sa productivité. Dans le même ordre d'idée, les théories qui prédisaient la mort du transport aérien pour raisons d'affaires face à la téléconférence n'ont pas eu raison des millions de personnes qui se déplacent parfois sur de très longues distances pour signer un contrat, rencontrer un partenaire, encourager leurs équipes, autant d'actions qu'ils pourraient réaliser à distance. Peut-être que l'amélioration des technologies d'hologrammes, qui permettent dès aujourd'hui à Pierre Nanterme, le PDG du cabinet de conseil Accenture aux 395 000 collaborateurs de toucher simultanément les cadres dirigeants de ses 120 bureaux, arrivera un jour à se passer de la rencontre physique mais l'horizon semble lointain, tant cela signifierait une remise en cause du caractère social de notre espèce. Les conséquences des évolutions technologiques dans les transports semblent, à l'inverse, beaucoup plus tangibles. Imaginons demain que la voiture autonome se diffuse : des millions de mètres carrés seront rendus à la ville pour construire. McKinsey avait calculé qu'avec la simple évolution de la forme des voitures liée à leur automatisation (donc la suppression du pédalier, du volant...), nous n'aurions besoin que des deux-tiers des espaces de parking actuellement disponibles. Cela représente près de 5,7 milliards de mètres carrés disponibles supplémentaires aux États-Unis. Imaginons que demain, l'Hyperloop devienne une réalité : il modifiera notre rapport à la distance, mettant un terme au mouvement de concentration dans les centres urbains. L'Hyperloop est constitué d'un double tube surélevé sous basse pression pour limiter les frictions de l'air dans lequel se déplacent des capsules transportant des voyageurs ou des marchandises. En théorie, l'Hyperloop, avec une vitesse de pointe de 1 102 km/h, permettrait de relier les 550 kilomètres qui séparent San Francisco de Los Angeles en moins d'une demi-heure, c'est-à-dire un peu plus vite qu'un avion qui parcourt actuellement cette distance en 35 minutes. La révolution de l'immobilier sera alors sans doute différente de ce qui est ici annoncé.

La mutation de l'immobilier a déjà débuté. Quand elle deviendra révolution, elle fera bouger des masses énormes, en termes de valeur, d'épargne, d'emplois, à l'échelle du monde. Elle sera éminemment positive en libérant des ressources aujourd'hui immobilisées dans des processus de production obsolètes. Elle sera éminemment positive car elle répondra à une demande d'amélioration de la qualité des immeubles adaptés à de nouveaux usages. Des *smarts buildings* appuyés sur des réseaux intelligents d'énergie, de communication, de transport ou encore de déchets, voilà de quoi seront faites les *smart cities* de demain. Nous ferons tout pour qu'elles voient le jour en France.

Index des entreprises citées

77016 – (IV) – BOU 80° – PCA – MPN
Dépôt légal : septembre 2017 – Suite du tirage : février 2018

Achevé d'imprimer par Dupli-Print à Domont (95)
N° d'impression : 2018020466
www.dupli-print.fr

Imprimé en France

pca
cmb
édition pré-presse
livres numériques

44400 Rezé